OKiDOKi

DIE LERNHILFE

Grammatik
4. Schuljahr

Ingo Müller

Schroedel

OKiDOKi
Die Lernhilfe

Grammatik
4. Schuljahr

Ingo Müller

CHLORFREI

Die Deutsche Bibliothek - CIP-Einheitsaufnahme
OKiDOKi die Lernhilfe. - Hannover : Schroedel
Neue Rechtschreibung
Schuljahr 4.
Grammatik / Ingo Müller. - 2001
ISBN 3-507-22202-7

ISBN 3-507-22202-7

www.schroedel.de

Layout: Janssen Kahlert Design & Kommunikation, Hannover
Illustrationen: Dietmar Griese, Laatzen
Satz und Lithos: KCS GmbH, Buchholz/Hamburg
Druck: Oeding, Braunschweig

INHALT

INHALT

OKiDOKi stellt sich vor

OKiDOKi hilft mit einer Fülle von Übungen, Sicherheit im Umgang mit Grammatik zu gewinnen. Kurze, klar strukturierte Lerneinheiten verhelfen zu motivierten Arbeiten und führen Schritt für Schritt zum Lernerfolg. Der Autor, Ingo Müller, ist ein erfahrener Pädagoge, der über langjährige Unterrichtspraxis im Fach Deutsch verfügt.

An wen richtet sich OKiDOKi?
An alle,

- die durch selbstständiges Arbeiten ihre Schulnoten verbessern wollen,
- die bereits vorhandenes Wissen auffrischen und wiederholen möchten,
- die Spaß daran haben, Neues zu lernen.

OKiDOKi, die Lernhilfe, mit der es klappt!
OKiDOKi ist die Lernhilfe mit der praktischen Lösungsklappe.
Sie ermöglicht selbstständiges Arbeiten, erspart mühsames Suchen nach den Lösungen und sorgt dafür, dass sich Fehler erst gar nicht festsetzen.
So funktioniert es:
Während des Übens werden die Lösungen auf der linken Seite mit der Klappe abgedeckt. Anschließend wird der Umschlag einfach wieder zurückgeklappt und die Ergebnisse können verglichen werden. Schnell und bequem.

Die folgenden Elemente begleiten dich beim Lernen und sorgen für Überblick:

TIPP:

Im Tipp findest du Regeln und Merksätze verständlich formuliert. Der Tipp gibt dir außerdem Hilfestellungen zum Lösen der Aufgaben

ÜBUNGS-TIPP:

Der Übungs-Tipp erklärt dir, wie du leichter lernen kannst. Er erläutert dir z. B., wie du dir eine angenehme Lernumgebung schaffst und deinen Arbeitsplatz am besten gestaltest.

Das hast du gelernt:

Am Ende eines Kapitels wird in einer Zusammenfassung das Wesentliche noch einmal festgehalten. Das hilft dir dabei, das Wichtigste noch einmal zu wiederholen.

TEST

Schließlich kannst du zum Abschluss eines Kapitels dein erlerntes und geübtes Wissen in einem Test selbst überprüfen. Anhand der Bewertung kannst du deinen Fortschritt einschätzen

So, und nun an die Arbeit. Viel Erfolg!
Übrigens: OKiDOKi freut sich über Post.
OKiDOKi, Schroedel Verlag, 30517 Hannover. E-Mail: okidoki@schroedel.de
Du kannst OKiDOKi auch im Internet besuchen: www.okidoki.de

WÖRTER UND IHRE VERWENDUNG

KAPITEL 1

In unserer Sprache wollen einige hunderttausend Wörter geordnet werden.
Wir teilen sie so ein:

Mit den Wörtern bildet man Sätze. Daraus können dann tolle Texte werden.

Lösungen zu Seite 7:

1. Nomen: der Montag, eine Deutschstunde, Oliver, die Sache, sein Stuhl, Andrea, der Fuß, vor Schmerz, ihr Füller, der Lehrertisch, im Klassenbuch, Spritzer und Flecken
   Verben (gebeugt): beginnt, ist, kippelte, schrie, hatte eingeklemmt, ließ los, landete, hat
   Verben (in der Grundform): beginnen, sein, kippeln, schreien, einklemmen, loslassen, landen, haben
   Adjektive (in der Grundform): langweilig, linke (links), neu, geöffnet, blau

Blaue Flecken

Der Montag beginnt bei uns mit einer langweiligen Deutschstunde. Da ist Oliver meist noch nicht ganz bei der Sache. Letztens kippelte er wieder mit seinem Stuhl. Plötzlich schrie Andrea neben ihm auf. Oliver hatte ihr den linken Fuß eingeklemmt. Vor Schmerz ließ Andrea ihren neuen Füller los. Der landete direkt auf dem Lehrertisch. Ausgerechnet im geöffneten Klassenbuch! Das hat nun blaue Spritzer und Flecken.

1. *Unterstreiche in dem Text alle Nomen (Substantive/Hauptwörter) mit Begleiter grün, alle Verben rot und die Adjektive blau. Ordne dann ein. (Doppelte nur einmal).*

Nomen (mit Begleiter): der Montag, eine Deutschstunde,

Verben (gebeugt): beginnt, ist,

Verben (in der Grundform): beginnen, sein,

Adjektive (in der Grundform): langweilig,

1. *Schreibe die folgenden Nomen (Substantive/Hauptwörter) im 1. Fall (Einzahl) auf und setze das zugehörige Personalpronomen (persönliche Fürwort) daneben.*

die Taschen, des Schülers, dem Lehrer, der Lehrerin, der Katze, die Kinder, des Heftes, den Schwamm, dem Stuhl, den Lappen

Nomen	Personal-pronomen	Nomen	Personal-pronomen
die Tasche	sie		
der	er		

2. *Hier sind Reihe für Reihe verschiedene Wortarten aufgeführt. Ein Wort pro Zeile gehört aber nicht zu den übrigen Wörtern.*
a) Streiche das Wort durch, das nicht zu den anderen gehört.
b) Trage für die übrigen Wörter den Namen der Wortart ein.

Bank, Anfang, Jacke, ~~anziehen~~, Uhr, Buch	Nomen
gehen, Gang, kippeln, schmerzen, haben	
still, glatt, glätten, rot, schön, lieblich, hell	
ich, du, er, sie, es, essen, wir, ihr, sie	
Schrank, Getränk, Laufen, laufen, Sonne	
blau, verziert, hoch, Höhe, wellig, klein	
wir, ihr, sie, fröhlich, ich, du, er, sie, es	
essen, essbar, genießen, riechen, beißen	

TIPP:
Nomen, Verb und Adjektiv sind die wichtigsten Wortarten. Sie kommen in verschiedenen Formen vor. Das Nomen hat oft Begleiter und kann durch ein Personalpronomen (persönliches Fürwort) ersetzt werden.

Lösungen zu Seite 8:

1. die Tasche / sie
   der Schüler / er
   der Lehrer / er
   die Lehrerin / sie
   die Katze / sie
   das Kind / es
   das Heft / es
   der Schwamm / er
   der Stuhl / er
   der Lappen / er
2. a) Der Reihe nach gehören folgende Wörter nicht in die Zeile: anziehen, Gang, glätten, essen, laufen, Höhe, fröhlich, essbar
   b) Die übrigen Wörter gehören Zeile für Zeile zur Wortart: Nomen, Verb, Adjektiv, Personalpronomen, Nomen, Adjektiv, Personalpronomen, Verb

Lösungen zu Seite 9:

1. Die Präpositionen werden nacheinander so eingesetzt: neben, mit, in, über, unter, durch, auf, gegenüber, Im
2. Zum Beispiel:
   Die Katze sitzt auf dem Dach. Der Hund liegt in seiner Hütte. Ulli wartet vor der Tür. Unter dem Baum liegt ein Apfel. Die Kreide fällt neben die Tafel.

1. *Sieh dir die Zeichnung genau an und setze danach die passenden Präpositionen (Verhältniswörter) ein.*

auf, durch, gegenüber, im, in, mit, über, unter, ~~neben~~

Andrea sitzt neben Oliver. Oliver kippelt ______ seinem Stuhl. Andrea hat den Füller ______ der Hand und ist ______ das Heft gebeugt. Da gerät ihr Fuß ______ Olivers Stuhlbein! Sie schreit auf. Der Füller fliegt ______ die Luft und landet ______ dem Tisch ______. ______ Klassenbuch sind nun lauter blaue Flecken.

2. *Bilde Sätze mit Präpositionen (Verhältniswörtern). Unterstreiche die Präpositionen.*

Badewetter

Als wir  Freunde am  d̸ tag mit dem Fahr  zum Schwimmen wollten, war es schrecklich h 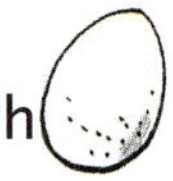 ß. Nicole nahm deshalb den  mit. Jens hatte d 

s̸ große Bade 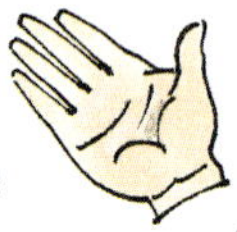 tuch eingepackt. 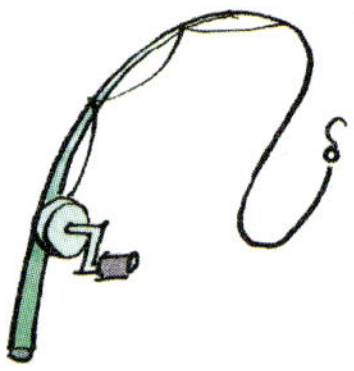 a sorgte für Getränke. Am  see war schon viel los. Überall  schte munteres Tr  ben. Der flache Sandstrand war so gefüllt, dass wir Mühe hatten, ein schönes P 

zu finden. Doch schon bald zogen dunkle  auf und ein Gewitter nahte. Nicole al 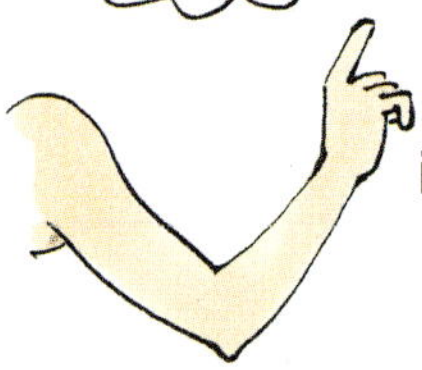 ierte uns. Wir  eten uns 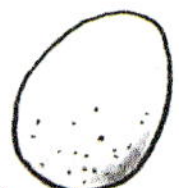 lig an und flüchteten in die r  ntische  diele am  rand. Da zuckten auch schon die  

Lösungen zu Seite 11:

1. Sieh im Lösungsteil auf Seite 92 nach.
2. Nomen: Montag, Fahrrad, Sonnenschirm, Badehandtuch, Angela, Baggersee, Treiben, Plätzchen, Wolken, Eisdiele, Waldrand, Blitze
   Verben: herrschte, alarmierte, kleideten
   Adjektive: heiß, eilig, romantische
   andere Wörter: vier, das, ersten

Schreibe jetzt einen kleinen Abschluss-Test.
(Der Test besteht aus zwei Teilen.)

1. *Entziffere die „Bildwörter“ und schreibe den Text komplett auf.*

2. *Ordne die „Bildwörter“ nach Wortarten.*

Nomen (Substantive / Hauptwörter):
Montag,

Verben (Tätigkeitswörter/Zeitwörter):
herrschte,

Adjektive (Eigenschaftswörter/Wiewörter):

andere Wörter:

TEST

BEWERTUNG:
0-1 FEHLER: SEHR GUT
2-4 FEHLER: GUT
5-7 FEHLER: BEFRIEDIGEND
8-11 FEHLER: DU MUSST NOCH ÜBEN!

DAS NOMEN (SUBSTANTIV / HAUPTWORT)

1. *Nomen mit Begleiter gesucht. – Trage ein.*

Er bellt und wedelt.

Damit schneidet und schnitzt man.

Vergeht mal schnell, mal langsam.

Kommt leider im Diktat vor.

Wird zum Lesen gebraucht.

Sie blüht auf der Wiese.

Er schwimmt im Aquarium.

Zeit zwischen den Schulstunden.

Darauf sitze ich in der Schule.

2. *Kreuze in Nr. 1 an: Nomen für Lebewesen rot, für Gegenstände grün, für Ungegenständliches blau.*

Ein Pechtag

Wir hatten lange bei meinem Freund gespielt. Es war Abend geworden und meine Mutter rief schon an.

Ich startete einen Dauerlauf, um ein bisschen Zeit einzuholen.

Wenn da nicht die schiefe Platte auf dem Gehsteig gewesen wäre.

Schon saß ich auf dem Hosenboden! Aber das war nicht mein einziges Unglück. Ein Stückchen weiter stand nämlich ein großer Hund. Dem musste ich in die Rosensträucher im Park ausweichen. Das brachte mir einige Dornen in den Händen und Beinen ein.

Meine Schwester staunte nicht schlecht, als sie mir aufmachte.

Meik und Max, meine kleinen Brüder, wollten mich gleich trösten.

Aber das half wenig gegen den Schmerz.

3. *Unterstreiche alle Nomen für Lebewesen rot (8), für Gegenstände grün (7) und für Ungegenständliches blau (7).*

Lösungen zu Seite 12:

1. der Hund, das Messer, die Zeit, der Fehler, die Brille, die Blume, der Fisch, die Pause, der Stuhl
2. Nomen für Lebewesen: Hund, Blume, Fisch
   Nomen für Gegenstände: Messer, Brille, Stuhl
   Nomen für Ungegenständliches: Zeit, Fehler, Pause
3. Nomen für Lebewesen: der Freund, die Mutter, der Hund, der Rosenstrauch (evtl. auch unter „Gegenstand“), die Schwester, Meik und Max, die Brüder
   Nomen für Gegenstände: die Platte, der Gehsteig, der Hosenboden, der Park, der Dorn, die Hand, das Bein
   Nomen für Ungegenständliches: der Pechtag, der Abend, der Dauerlauf, die Zeit, das Unglück, das Stückchen, der Schmerz

Lösungen zu Seite 13:

1. der/ein (männlich): Fuß, Teller, Schrank, Fisch, Blitz
   die/eine (weiblich): Familie, Birne, Tasche, Blüte, Gruppe
   das/ein (sächlich): Beispiel, Tier, Rad, Glas, Schiff
2. das/ein Boot, der/ein Wagen, die/eine Freundin, die/eine Brücke, der/ein Kopf; die/eine Farbe, das/ein Wort, der/ein Füller, die/eine Menge, das/ein Mädchen; das/ein Fest, der/ein Brief, das/ein Ei, der/ein Kamm, die/eine Meinung

1. *Trage jedes dieser Nomen an zwei verschiedenen Stellen ein: einmal bei seinem bestimmten Artikel (Geschlechtswort), einmal bei seinem unbestimmten Artikel. Streiche die verwendeten Nomen durch.*

~~Fuß~~, Familie, Birne, Beispiel, Teller, Tier, Schrank, Rad, Tasche, Blüte, Glas, Fisch, Blitz, Gruppe, Schiff

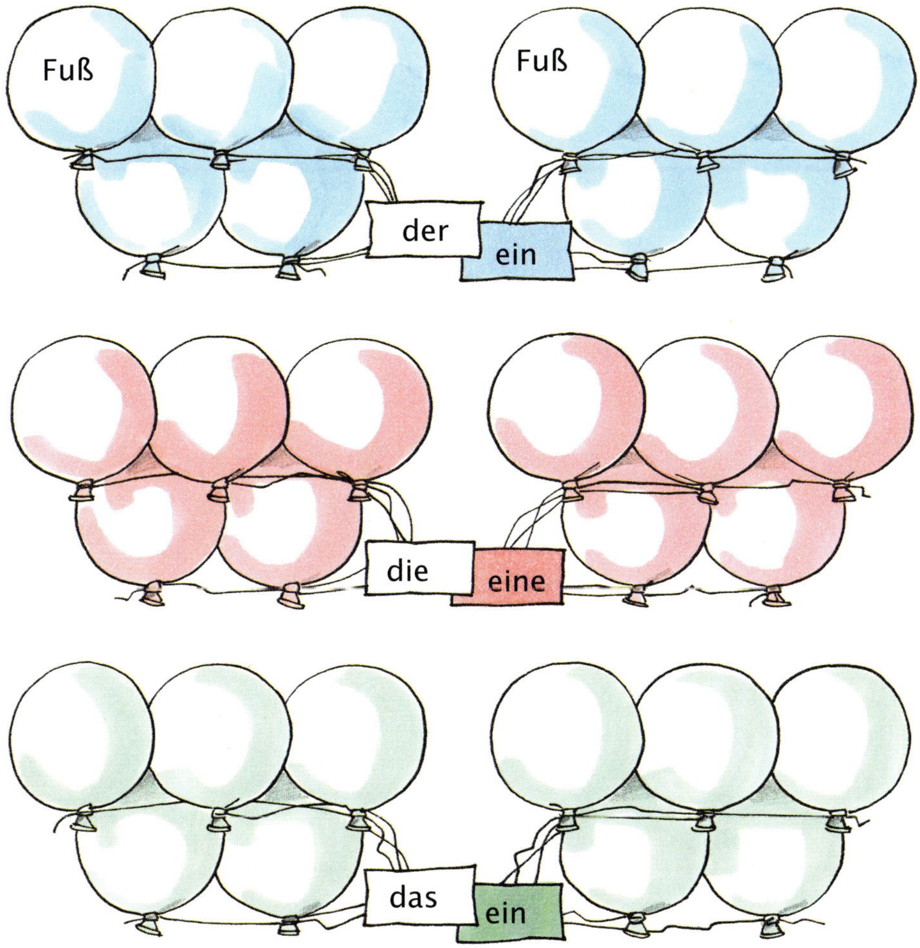

2. *Setze den bestimmten sowie den unbestimmten Artikel (Geschlechtswort) ein.*

das/ein	Boot		Farbe		Fest
	Wagen		Wort		Brief
	Freundin		Füller		Ei
	Brücke		Menge		Kamm
	Kopf		Mädchen		Meinung

1. *Ergänze wie im Beispiel:*

der Baum – bestimmter Artikel, männlich
die Arbeit –
ein Kind –
ein Junge –
das Gefühl –
eine Fabrik –
der Aufsatz –
ein Paar –
eine Wolke –
ein Fehler –

2. *Hier sind Artikel eingeschlossen. Löse auf.*

Sie stand am Fenster. – an dem Fenster, das Fenster
Er dachte ans Spielen. –
Ich bleibe beim Hund. –
Das ist Geld fürs Kino. –
Es steht im Schrank. –
Keiner wollte ins Wasser. –
Er rennt zur Schule. –
Keiner will übers Eis. –
Sie kommen vom Essen. –
Vorm Haus stand keiner. –

TIPP:
*Die Artikel (Geschlechtswörter) sind Begleiter des Nomens. Die bestimmten Artikel sind **der, die** und **das**. Die unbestimmten Artikel sind **ein, eine** und **ein**. Die Artikel geben das Geschlecht des Nomens an: **der/ein Tag** (männlich), **die/eine Blume***

Lösungen zu Seite 14:

1. der Baum: bestimmter Artikel (= b. A.), männl. (= m.); die Arbeit: b. A., weiblich (= w.); ein Kind: unbestimmter Artikel (= u. A.), sächlich (= s.); ein Junge: u. A., m.; das Gefühl: b. A., s.; eine Fabrik: u. A., w.; der Aufsatz: b. A., m.; ein Paar: u. A., s.; eine Wolke: u. A., w.; ein Fehler: u. A., m.
2. am Fenster – an dem Fenster – das Fenster, ans Spielen – an das Spielen – das Spielen, beim Hund – bei dem Hund – der Hund, fürs Kino – für das Kino – das Kino, im Schrank – in dem Schrank – der Schrank, ins Wasser – in das Wasser – das Wasser, zur Schule – zu der Schule – die Schule, übers Eis – über das Eis – das Eis, vom Essen – von dem Essen – das Essen, vorm Haus – vor dem Haus – das Haus

Lösungen zu Seite 15:

1. übers Dach, vom Arbeiten, vorm Kiosk, vors Haus, zum Spielplatz
2. An der Wand lehnt die Leiter. – Herr Berger ist der Leiter der Schule. – Das Bauer ist ein Vogelkäfig. – Auf dem Feld arbeitet der Bauer. – Die Mark ist ein altes Geldstück. – Das Mark steckt im Knochen.

1. *Verschmelze jeweils Präposition und Artikel.*

Die Katze lief (über das) übers Dach.

(Von dem) ______ Arbeiten bekomme ich Hunger.

Wir warten (vor dem) ______ Kiosk.

Keiner traute sich (vor das) ______ Haus.

Sie gingen (zu dem) ______ Spielplatz.

2. *Unterscheide und entscheide: Welcher bestimmte Artikel (Geschlechtswort) muss eingesetzt werden?*

An der Wand lehnt ______ Leiter.

Herr Berger ist ______ Leiter unserer Schule.

______ Bauer ist ein Vogelkäfig.

Auf dem Feld arbeitet ______ Bauer.

______ Mark ist ein altes Geldstück.

______ Mark steckt im Knochen.

Lösungen zu Seite 16:

1. Nomen mit Begleiter im Singular: ein Tag, am Mittwoch, im Zoo, an der Kasse, den Eintritt, an das Gatter, auf einer Streichelwiese, ein Zicklein, eine Elefantendressur, Handstand, mit einem Fußball, am Affenkäfig, ein Schimpanse, Marcel, im Schatten
   Nomen mit Begleiter im Plural: mit Tieren, alle Klassen, unsere Lehrerinnen, in Gruppen; mit den Antilopen, Gämsen und Steinböcken; die Ziegen, viele Fotos, die Dickhäuter, an den Haaren, an die Gitterstäbe, in den Gehegen, die Tiere, nach drei Stunden, alle Schülerinnen und Schüler
2. der Monat – die Monate, der Kuchen – die Kuchen, das Haus – die Häuser, der Wagen – die Wagen, die Nacht – die Nächte, das Bett – die Betten, der Zettel – die Zettel, der Wald – die Wälder, das Kind – die Kinder, der Bart – die Bärte, der Turm – die Türme, das Haar – die Haare, der Fluss – die Flüsse, das Fest – die Feste, der Gast – die Gäste, der Arm – die Arme, das Auto – die Autos, der Bauch – die Bäuche, der Haufen – die Haufen, der Strauch – die Sträucher

Lösungen zu Seite 17:

1. Im Singular und Plural können vorkommen: der Gruß, die Lampe, das Kind, die Tochter, der Teller.
   Nur im Singular kommen vor: der Durst, der Dank, die Butter, das Laub.
   Nur im Plural kommen vor: die Leute, die Kosten, die Ferien, die Masern, die Eltern.
2. der Kater: m., die Frau: w., das Holz: s., die Hündin: w., der Mann: m., das Boot: s., die Lehrerin: w., der Hahn: m., das Fenster: s., der Ziegenbock: m., das Blatt: s., die Tante: w., der Sohn: m.
3. das Mädchen: s. – w., der Stein: m. – s., die Maschine: w. – s., das Söhnchen: s. – m., die Tür: w. – s., der Kuchen: m. – s., das Fräulein: s. – w.

Ein Tag mit Tieren

Am Mittwoch waren alle vierten Klassen im Zoo. Nachdem unsere Lehrerinnen an der Kasse den Eintritt bezahlt hatten, gingen wir in Gruppen los. Zuerst kamen wir an das Gatter mit den Antilopen, Gämsen und Steinböcken. Daneben waren auf einer Streichelwiese die Ziegen untergebracht. Ein süßes schwarzes Zicklein hätte ich am liebsten gleich mitgenommen. Wir machten viele Fotos. Danach sahen wir uns eine Elefantendressur an. Die Dickhäuter machten Handstand und spielten mit einem Fußball. Am Affenkäfig war es besonders lustig. Ein Schimpanse zog Marcel an den Haaren, weil er zu dicht an die Gitterstäbe gekommen war. In den anderen Gehegen lagen die Tiere meist träge im Schatten, weil es sehr heiß war.
Nach drei Stunden waren wir müde und hungrig geworden. Alle Schülerinnen und Schüler sammelten sich und wir fuhren heim.

1. *Unterstreiche alle Nomen im Singular (Einzahl) einfach, alle Nomen im Plural (Mehrzahl) doppelt. Unterstreiche die Begleiter ebenfalls. Vergiss die Überschrift nicht.*

2. *Setze Singular (Einzahl) oder Plural (Mehrzahl) ein.*

der Monat	–	die Monate		das Haar	–		
der Kuchen	–				–	Flüsse	
Haus	–			Fest	–		
	–	die Wagen			–	Gäste	
Nacht	–			Arm	–		
	–	Betten			–	Autos	
Zettel	–			Bauch	–		
	–	Wälder			–	Haufen	
Kind	–			Strauch	–		

1. *Schreibe die folgenden Wörter in die passende Zeile:*

der Gruß, der Durst, die Leute, die Lampe, der Dank, die Kosten, das Kind, die Ferien, die Tochter, die Masern, der Teller, die Butter, das Laub, die Eltern

Diese Nomen können im Singular **und** im Plural vorkommen:
Diese Nomen kommen nur im Singular vor:
Diese Nomen kommen nur im Plural vor:

2. *Welches Geschlecht haben diese Nomen? Setze ein.*
(m. = männlich, w. = weiblich, s. = sächlich)

der Kater	m.			die Lehrerin			
die Frau		w.		der Hahn			
das Holz			s.	das Fenster			
die Hündin				der Ziegenbock			
der Mann				das Blatt			
das Boot				die Tante			

3. *Hier stimmt das grammatische Geschlecht des Nomens nicht mit dem natürlichen Geschlecht überein. Fülle aus.*

	gramm. Geschlecht	**natürl. Geschlecht**
das Mädchen	sächlich	weiblich
der Stein		
die Maschine		
das Söhnchen		
die Tür		
der Kuchen		

1. *In dieser kurzen Geschichte kommt das Nomen* ***Kater*** *in den vier verschiedenen Fällen (im Singular / Einzahl) vor. Ergänze.*

Der Kater spazierte über den Dachboden, neben ihm eine pechschwarze Katze. „Ist dies die neue Freundin des Katers?", fragten sich die Mäuse. „Er ist ja immer nett zu uns. Also gönnt sie doch dem Kater", sagte jemand. „Aber ihr kennt sie ja gar nicht. Vielleicht verändert sie den Kater doch noch ganz und gar!"

der		–	1. Fall	Nominativ	Singular
	Katers	–	Fall	Genitiv	
dem		–		Dativ	
	Kater	–		Akkusativ	

2. *Setze in den Plural (Mehrzahl):*

Die Kater spazierten über den Dachboden, neben ihnen pechschwarze Katzen. Waren das die Freundinnen der K__________? Die Mäuse gönnten sie den K__________. Doch vielleicht würden diese Freundinnen ja die netten K__________ ganz verändern?

3. *Ergänze jetzt die folgende Übersicht.*

die	Kater	–	1. Fall	Nominativ	Plural
der		–			Plural
den		–			Plural
die		–			Plural

Lösungen zu Seite 18:

1. der Kater (1. Fall / Nominativ, Singular), des Katers (2. Fall / Genitiv, Sing.), dem Kater (3. Fall / Dativ, Sing.), den Kater (4. Fall / Akkusativ, Sing.)
2. Die Kater spazierten ... ... die Freundinnen der Kater? ... gönnten sie den Katern. ... die netten Kater ...
3. die Kater (1. Fall / Nominativ, Plural), der Kater (2. Fall / Genitiv, Plur.), den Katern (3. Fall / Dativ, Plur.), die Kater (4. Fall / Akkusativ, Plur.)

Lösungen zu Seite 19:

1. der Wellensittich (1. Fall / Nominativ – WER oder WAS ist grüngelb?), den Vogel (4. F. / Akkusativ – WEN oder WAS?), der Sittich (1. F. / Nom. – WER oder WAS?), dem Tierchen (3. F. / Dativ – WEM?), die Körner (4. F. / Akk. – WEN oder WAS?), das Wasser (4. F. / Akk. – WEN oder WAS?), der Freund (1. F. / Nom. – WER oder WAS?), der Kleine (1. F. / Nom. – WER oder WAS?), den Bleistift (4. F. / Akk. – WEN oder WAS?), des Bruders (2. F. / Genitiv – WESSEN?), dem Dackel (3. F. / Dat. – WEM?), des Herdes (2. F. / Gen. – WESSEN?), die Mutter (1. F. / Nom. – WER oder WAS?)

Mein Freund Hansi

Mein Wellensittich ist grüngelb. Ich bekam den Vogel zum Geburtstag geschenkt. Zuerst war der Sittich ganz still. Dann gab ich dem Tierchen Körner und Wasser. Da wurde mein neuer Freund munter und fraß sofort alles auf. Inzwischen ist der Kleine drei Jahre alt und ziemlich frech geworden. Er beknabbert zum Beispiel den Bleistift meines Bruders, macht unserem Dackel Angst und fliegt auf den Rand des Herdes, wenn meine Mutter kocht.

1. *Bestimme, in welchem Fall die farbigen Nomen stehen. (Hilf dir mit den entsprechenden Fragen.)*

der Wellensittich – 1. Fall (Nominativ) – WER ist grüngelb?
den
der
dem
die
das
der
der
den
des
dem
des

TIPP:

Wenn du die vier Fälle eines Nomens bilden sollst, dann hilf dir mit folgenden Fragen:

*1. Fall (Nominativ): **WER** oder **WAS** spazierte über den Boden?*
*2. Fall (Genitiv): **WESSEN** Freundin war das?*
*3. Fall (Dativ): **WEM** gönnen die Mäuse eine Freundin?*
*4. Fall (Akkusativ): **Wen** oder **Was** könnte die Neue ändern?*

Lösungen zu Seite 20:

1. der Fisch, des Fisches, dem Fisch, den Fisch; die Fische, der Fische, den Fischen, die Fische
die Bank, der Bank, der Bank, die Bank; die Bänke, der Bänke, den Bänken, die Bänke
das Nest, des Nestes, dem Nest, das Nest; die Nester, der Nester, den Nestern, die Nester
2. der Teppich (männlich, Singular, Nominativ), die Tanten (weiblich, Plural, Nominativ oder Akkusativ), einen Bach (männlich, Singular, Akkusativ), der Kinder (sächlich, Plural, Genitiv), dem Haar (sächlich, Singular, Dativ), eines Telefons (sächlich, Singular, Genitiv), der Arm (männlich, Singular, Nominativ), der Verstecke (sächlich, Plural, Genitiv), den Hunden (männlich, Plural, Dativ)

Lösungen zu Seite 21:

1. die Blume, der Blume, der Blume, die Blume; die Blumen, der Blumen, den Blumen, die Blumen
der Stein, des Steins, dem Stein, den Stein; die Steine, der Steine, den Steinen, die Steine
eine Mauer, einer Mauer, einer Mauer, eine Mauer; die Mauern, der Mauern, den Mauern, die Mauern
ein Mädchen, eines Mädchens, einem Mädchen, ein Mädchen; die Mädchen, der Mädchen, den Mädchen, die Mädchen
2. die Blume (weiblich/sächlich), ein Mädchen (sächl./weibl.), der Stein (männlich / sächl.), eine Mauer (weibl./sächl.), der Knabe (männl./männl.), ein Telefon (sächl./sächl.), das Kind (sächl./männl. oder weibl.)

TIPP:

Die Nomen (und ihre Begleiter) werden beim Sprechen und Schreiben ständig verändert (gebeugt/dekliniert). Die Beugung der Nomen nennt man auch ***Deklination.*** *Beugen (deklinieren) heißt, das Nomen im Singular oder Plural in die vier Fälle setzen.*

1. *Dekliniere (beuge) im Singular und Plural:* Fisch, Bank, Nest.

Singular: der Fisch,

Plural: die Fische,

Singular:

Plural:

Singular:

Plural:

2. *Bestimme (grammatisches) Geschlecht, Zahl und Fall.*

der Teppich	männlich	Singular	Nominativ
die Tanten			
einen Bach			
der Kinder			
dem Haar			
eines Telefons			
der Arm			
der Verstecke			
den Hunden			

1. *Beuge (dekliniere) folgende Nomen:*
die Blume, der Stein, eine Mauer, ein Mädchen

Singular: die Blume, der
Plural: die Blumen, der

Singular: der Stein, des
Plural: die
Singular: eine Mauer, einer
Plural: die Mauern, der

Singular: ein Mädchen, eines

Plural: die Mädchen, der

2. *Bestimme das Geschlecht.*

die Blume – grammatisches Geschlecht: weiblich
– natürliches Geschlecht:
der Stein – grammatisches Geschlecht:
– natürliches Geschlecht:
eine Mauer – grammatisches Geschlecht:
– natürliches Geschlecht:
ein Mädchen – grammatisches Geschlecht:
– natürliches Geschlecht:
der Knabe – grammatisches Geschlecht:
– natürliches Geschlecht:
ein Telefon – grammatisches Geschlecht:
– natürliches Geschlecht:

ÜBUNGS-TIPP:

Zum erfolgreichen Üben gehört auch ein guter Arbeitsplatz. Ist dein Arbeitsplatz bestens vorbereitet?

- *Schaffe erst einmal Ordnung.*
- *Lege dann die Arbeitsmittel bereit, die du brauchst (Füller, Bleistift, Lineal, Heft, Block, Radiergummi, Wörterbuch usw.)*
- *Sorge dann für Ruhe und beginne zu üben.*

1. *Unterstreiche in den folgenden Sätzen jeweils die Nomen, die im 4. Fall (Akkusativ) stehen. (Frage: **Wen?** oder **Was?**)*

Unsinnsätze

- Im Sommer benutzen wir den Schlitten.
- Aus Faulheit üben wir Rechtschreibung.
- Jens führt Kevin an der Leine.
- Anna isst ihr Übungsheft.
- Die Sonne sieht man nur nachts.

Das hast du gelernt:

Die meisten Nomen kommen im Singular (Einzahl) und im Plural (Mehrzahl) vor.
Nomen werden nach dem grammatischen Geschlecht unterschieden: Sie sind entweder männlich (= sie stehen im Maskulinum), weiblich (Femininum) oder sächlich (Neutrum).
Das grammatische Geschlecht eines Nomens stimmt oft nicht mit dem natürlichen Geschlecht überein:
***das Mädchen** (grammatisches Geschlecht: sächlich, natürliches Geschlecht: weiblich).*

Lösungen zu Seite 22:

1. den Schlitten, (die) Rechtschreibung, Kevin, das Übungsheft, die Sonne

Lösungen zu Seite 23:

1. die Vögel, der Kirche, der Geschäfte, die Lehrerin
2. die kleine Katze: 1. Fall (Nominativ), Singular (Einzahl) oder 4. Fall (Akkusativ), Singular (Einzahl); dem alten Mann: 3. Fall (Dat.), Sing. (Einz.); der großen Bäume: 2. Fall (Genitiv), Plur. (Mehrz.); die gelben Autos: 1. Fall (Nom.), Plur. (Mehrz.) oder 4. Fall (Akk.), Plur. (Mehrz.)

Schreibe einen kleinen Abschluss-Test.
(Achtung: Der Test ist nicht lang, aber ganz schön schwer!)

1. *Setze die gesuchten Formen ein.*

der Vogel –	
	1. Fall (Nominativ), Plural (Mehrzahl)
die Kirche –	
	3. Fall (Dativ), Singular (Einzahl)
das Geschäft –	
	2. Fall (Genitiv), Plural (Mehrzahl)
die Lehrerin –	
	4. Fall (Akkusativ), Singular (Einzahl)

2. *Bestimme die Formen.*

die kleine Katze	1. Fall (Nominativ), Singular (Einzahl)
oder:	4.
dem alten Mann	
der großen Bäume	
die gelben Autos	
oder:	

TEST

BEWERTUNG:
10–12 RICHTIGE: SEHR GUT
9–11 RICHTIGE: GUT
6–8 RICHTIGE: BEFRIEDIGEND
4–5 RICHTIGE: AUSREICHEND
WENIGER ALS 4 RICHTIGE: DU MUSST NOCH ÜBEN!

DAS VERB (TÄTIGKEITSWORT/ZEITWORT)

1. *Auf dem Schulhof geschieht so allerlei. – Vervollständige die Sätze mit den folgenden Verben (Tätigkeitswörtern):*

laufen, finden, kommen, suchen, gehen, kichern, spielen, löffeln, tauschen, scheinen, genießen, stehen

In der großen Pause laufen alle auf den Schulhof. Ich suche erst mal Nicole aus der Parallelklasse. Manchmal ist sie gar nicht so leicht zu ________. Sie ________ meist etwas später. Dann ________ wir gemeinsam zu den anderen. Die Jungen ________ mit einem Tennisball. Eine Gruppe Mädchen ________ über die neuesten Geschichten. Ein paar ältere Schüler ________ Poster. Christian ________ wie immer seinen Jogurt, und Ramona ________ ihren Vitamintrunk. Bloß gut, dass heute die Sonne ________. Bei Regen ________ wir nämlich in der engen Pausenhalle.

Lösungen zu Seite 24:

1. Nacheinander werden eingesetzt: laufen, suchen, finden, kommt, gehen, spielen, kichert, tauschen, löffelt, genießt, scheint, stehen

Lösungen zu Seite 25:

1. fressen, trinken, anrühren, sitzen, warten, sagen, gehen, untersuchen, geben, verschreiben, fressen, sagen, herumlaufen
2. ich trinke, du trinkst, er/sie/es trinkt, wir trinken, ihr trinkt, sie trinken
   ich sitze, du sitzt, er/sie/es sitzt, wir sitzen, ihr sitzt, sie sitzen

Luise

Seit zwei Tagen hat unser Hund nichts mehr gefressen. Nur noch Wasser hat Luise getrunken. Gestern rührte sie gar nichts mehr an. Jetzt sitzen wir mit Luise im Wartezimmer des Tierarztes. Neben uns warten ein Pudel, ein Wellensittich und eine Katze. Kein Mensch sagt etwas. Dann gehen wir zum Doktor hinein. Er untersucht Luise, gibt ihr eine Spritze und verschreibt etwas. „Morgen wird sie wieder fressen“, sagt er. „Sie wird schon bald herumlaufen wie immer.“

1. *Unterstreiche die Verben und schreibe sie im Infinitiv (Grundform) auf.*

fressen,

1. *Ergänze die Personalformen.*

ich	trinke	ich		**Singular**
du		du	sitzt	**(Einzahl)**
er/sie/es		er/sie/es		
wir		wir		**Plural**
ihr		ihr		**(Mehrzahl)**
sie		sie		

TIPP:

Verben (Tätigkeitswörter / Zeitwörter) sagen aus, dass etwas geschieht.
Verben findet man im Wörterbuch in der Grundform (Infinitiv): ***laufen, suchen, schreiben, anrühren usw.***
Meist gebraucht man sie aber in der Personalform: ***ich laufe, du läufst, Nicole läuft, wir liefen, sie rührten an*** *usw.*

1. *Hier fehlt mal die passende Verbform, mal die Personenangabe. Setze ein. (Achte auf die Groß- und Kleinschreibung am Satzanfang.)*

Die Fledermaus

Als ich gestern aus der Schule □□□ (kommen), □□□□ (finden) ich eine Fledermaus. □□□ lag am Straßenrand und □□□□□ (leben) noch. □□□ hob sie vorsichtig auf und □□□□□ (legen) sie in meine leere Brotdose. Dann □□□□ (laufen) ich schnell nach Hause.

Meine Mutter □□□□□ (sagen): „Vielleicht ist □□□ verletzt. Dann □□□□□ (gehen) □□□ morgen mit ihr zum Tierarzt."

Wir □□□□□□□ (setzen) die Fledermaus in einen offenen Karton, und □□□ stellte noch ein flaches Schälchen mit Wasser hinein. Den Karton □□□□□ (schieben) ich draußen im Garten unter einen Busch.

Als □□□ am nächsten Morgen nachsahen, war die Fledermaus schon □□□□□□□□□□□ (wegfliegen). Ich □□□ (sein) sehr froh darüber und □□□□ (gehen) erleichtert zur Schule. Wahrscheinlich war □□□ unverletzt und nur bewusstlos gewesen.

Lösungen zu Seite 26:

1. kam, fand, Sie, lebte, Ich, legte, lief, sagte, sie, gehen wir, setzten, ich, schob, wir, (war) weggeflogen, war, ging, sie

Lösungen zu Seite 27:

1. bin, Bist, wird, ist, sind, seid, sind
2. ich bin, du bist, er/sie/es ist, wir sind, ihr seid, sie sind
3. ich fahre/sehe/esse (1. Pers., Singular), du fährst/siehst/isst (2. Pers., Sing.), er/sie/es fährt/sieht/isst (3. Pers., Sing.), wir fahren/sehen/essen (1. Pers., Plural), ihr fahrt/seht/esst (2. Pers., Plur.), sie fahren/sehen/essen (3. Pers., Plur.)

1. *Setze die fehlenden Formen des Verbs **sein** ein.*

Im Urlaub ______ ich an der See gewesen. ______ du auch schon mal mit einem großen Schiff über das Meer gefahren?
Vater ______ dann jedes Mal ziemlich schlecht und Mutter ______ seine letzte Rettung mit einer Tablette.
Wir, Mutter und ich, ______ da stärker!
Ich hoffe, ihr ______ genauso seefest wie wir.
Hier am Wasser ______ die meisten Leute Seefahrer.

2. *Ergänze die Tabelle. (Hilf dir mit den Lösungen von Nr. 1.)*

ich	bin	–	1. Person	**Singular (Einzahl)**
du		–	2. Person	
er/sie/es		–	3. Person	
wir		–	1. Person	**Plural (Mehrzahl)**
ihr	seid	–	2. Person	
sie		–	3. Person	

3. *Fülle die Lücken.*

	fahren	sehen	essen	
ich	fahre			1. Person, Singular
du		siehst		
er				
sie				
es				
wir				1. Person,
ihr			esst	
sie				

Das liebe Wetter

Die ganze letzte Woche schien die Sonne. Wir badeten im Kiessee oder saßen in der Eisdiele. Keiner hat den Wetterbericht beachtet.

Heute sitze ich vor dem Fernseher. Es regnet ohne Ende. Die Badesachen liegen wieder im Schrank. Ich warte gespannt auf die Wetterkarte.

Morgen wird die Sonne wieder scheinen. Auf jeden Fall wird es nicht mehr regnen. Dann werde ich bald wieder zum See gehen und bei Roberto Eis essen.

1. *Trage die Verben in die Tabelle ein.*

Vergangenes gestern	**Gegenwärtiges** heute	**Zukünftiges** morgen
sie schien		sie wird scheinen
	es regnet	

2. *In Nr. 1 werden verschiedene Zeitformen (Tempusformen) gebraucht, die du schon kennst. Ordne sie zu.*

Präsens:	ich sitze, es
Präteritum:	sie schien, wir
Perfekt:	keiner hat
Futur:	sie wird

TIPP:

*Es gibt drei **Zeitstufen:** Vergangenes, Gegenwärtiges und Zukünftiges. Innerhalb der Zeitstufen benutzt man verschiedene **Zeitformen** (Tempusformen).*

Lösungen zu Seite 28:

1. Vergangenes: sie schien, wir badeten, wir saßen, keiner hat beachtet
   Gegenwärtiges: ich sitze, es regnet, sie liegen, ich warte
   Zukünftiges: sie wird scheinen, es wird regnen, ich werde gehen, ich werde essen
2. Präsens: ich sitze, es regnet, sie liegen, ich warte
   Präteritum: sie schien, wir badeten, wir saßen
   Perfekt: keiner hat beachtet
   Futur: sie wird scheinen, es wird regnen, ich werde gehen, ich werde essen

Lösungen zu Seite 29:

1. Vergangenes: ich habe besucht (Perfekt), ich benutzte (Präteritum), er blieb stecken (Präteritum)
   Gegenwärtiges: ich gehe (Präsens), ich nehme (Präsens), sie reparieren (Präsens)
   Zukünftiges: ich werde fahren (Futur), er wird haben (Futur), er wird funktionieren (Futur)

Der verflixte Fahrstuhl

Zeitstufe Vergangenes	Zeitstufe Gegenwärtiges	Zeitstufe Zukünftiges

Vorige Woche habe ich meinen Freund im Hochhaus besucht. Ich benutzte den Fahrstuhl. Plötzlich blieb er einen Moment stecken.

Heute gehe ich wieder zu Jens. Diesmal nehme ich die Treppe, denn zwei Monteure reparieren gerade den Aufzug.

Nächstes Mal werde ich wieder mit dem Aufzug fahren. Er wird dann einen neuen Motor haben. Der wird problemlos funktionieren.

1. *Trage ein, welche Verben und Zeitformen (Tempusformen) hier benutzt werden.*

Zeitstufe Vergangenes	Zeitstufe Gegenwärtiges	Zeitstufe Zukünftiges
ich habe besucht	ich gehe	ich werde fahren
Perfekt	Präsens	Futur
ich benutzte	ich nehme	er wird haben
er blieb stecken	sie reparieren	er wird funktionieren

Ausflug mit dem Schulbus

Am Dienstag unternahmen wir eine Fahrt mit dem Schulbus durch den Landkreis. Zwischendurch wanderten wir ein Stück am Kiessee entlang. Da haben wir gleich die Füße im Wasser gekühlt. Als Oliver am Ufer die Enten fütterte, fiel er doch prompt in den See! Aber darüber hat sich keiner mehr gewundert. Oliver hat bisher nämlich bei jedem Ausflug Pech gehabt.

Heute haben wir in der Schule auf einer Landkarte unsere Fahrstrecke eingezeichnet. Jetzt schreibt jeder eine kurze Geschichte dazu. Ich zeichne auch noch ein Bild, und zwar von Oliver. Aber das schaffe ich nicht mehr ganz in dieser Stunde.

Morgen werden wir die Geschichten vorlesen. Bis dahin werde ich auch das Bild von Oliver beenden. Wenn ich es zeigen werde, werden die anderen lachen. . . . .
er wird mich deshalb nicht ausschimpfen.

1. *Unterstreiche alle Verbformen mit Personenangabe.*

2. *Trage ein:*

Präsens (Gegenwart): jeder schreibt,

Präteritum (Vergangenheit): wir unternahmen,

Perfekt (vollendete Gegenwart): wir haben gekühlt,

Futur: wir werden vorlesen,

Lösungen zu Seite 30:

1. wir unternahmen, wir wanderten, wir haben gekühlt, Oliver fütterte, er fiel, keiner hat sich gewundert, Oliver hat gehabt, wir haben eingezeichnet, jeder schreibt, ich zeichne, ich schaffe, wir werden vorlesen, ich werde beenden, ich werde zeigen, die anderen werden lachen, ich glaube, er wird ausschimpfen
2. Präsens: jeder schreibt, ich zeichne, ich schaffe, ich glaube
   Präteritum: wir unternahmen, wir wanderten, Oliver fütterte, er fiel
   Perfekt: wir haben gekühlt, keiner hat sich gewundert, Oliver hat gehabt, wir haben eingezeichnet
   Futur: wir werden vorlesen, ich werde beenden, ich werde zeigen, die anderen werden lachen, er wird ausschimpfen

Lösungen zu Seite 31:

1. verreisen, gießt, ging, begleitete, begoss, waren, schlossen, nahm, steckte, merkte, war, war vergraben, gesucht, gefunden, erzähle, lacht ... tot
2. hatte eingesteckt, war aufgefallen, genommen hatte, vergraben hatte

1. *Setze diese Verben in der passenden Zeitform (Tempusform) und Personalform ein:*

verreisen, gießen, gehen, begleiten, begießen, sein, schließen, nehmen, stecken, merken, sein, sein, vergraben, suchen, finden, erzählen, totlachen

Der falsche Schlüssel

Immer wenn unsere Nachbarn v______, g______ meine Mutter ihre Blumen.
Neulich in den Ferien ______ meine Mutter wieder ins Nachbarhaus. Ich ______ sie und ______ auch ein paar Blumen.
Als wir fertig ______, ______ wir alles ab.
Vor unserer Haustür ______ Mutter ihr Schlüsselbund und ______ den Schlüssel ins Schloss. Erschrocken ______ sie, dass es der Autoschlüssel ______!
Gott sei Dank ______ in unserem Garten ein Ersatzschlüssel ______. Den haben wir ______ und auch ______.
Wenn ich das meiner Schwester ______, ______t sie sich ______t.

2. *Setze hier die Verben in der passenden Vergangenheits-Zeitform ein. Sie heißt vollendete Vergangenheit (Plusquamperfekt).*

einstecken, auffallen, nehmen, vergraben

Bevor wir ins Nachbarhaus gingen, hatte Mutter ein Schlüsselbund eingesteckt.
Uns war nicht ______, dass sie den Autoschlüssel ______ h______.
Unser Glück war, dass Vater vor längerer Zeit im Garten einen Ersatzschlüssel ______ ______.

Unsere Schmetterlinge

Im Sommer freuen wir uns über die bunten Schmetterlinge. Aber nicht jeder weiß, dass sie eine besondere Entwicklung durchmachen. Zuvor waren sie nämlich Raupen, und zwar ziemlich gefräßige. Und in diesem Lebensabschnitt richten sie schon in so manchem Garten großen Schaden an. Früher sammelten die Kinder Raupen vom Gemüse ab. Heute spritzt man gegen diese so genannten Schädlinge Pflanzenschutzmittel. Wenn wir das nicht ändern, sterben diese schönen Falter alle aus. Gott sei Dank fressen mehrere Raupenarten am liebsten Brennnesseln. Deshalb verfolgt man sie weniger.

1. *Unterstreiche in dem Text alle Verben. Trage sie dann unten (mit Begleiter) ein.*

Präsens (Gegenwart): wir freuen uns, jeder

Präteritum (Vergangenheit): sie

Das hast du gelernt:

Verben (Tätigkeitswörter/Zeitwörter) kommen selten in der Grundform (Infinitiv) vor. Meist werden sie in der Personalform gebraucht. – Sie sind dann gebeugt (konjugiert) und können nach Person, Zahl und Zeit bestimmt werden:
ich renne *(1. Person, Singular, Gegenwart),*
ihr ranntet *(2. Person, Plural, Vergangenheit).*

Lösungen zu Seite 32:

Präsens: wir freuen uns, jeder weiß, sie machen durch, sie richten an, man spritzt, wir ändern, sie sterben aus, sie fressen, man verfolgt
Präteritum: sie waren, sie sammelten ab

Lösungen zu Seite 33:

1 ich gehe, sie gab her, er hat gegessen, es wird wachsen, ihr werdet besuchen, du gehst weg, sie holten ab

Schreibe jetzt einen kleinen Abschluss-Test zum Verb.

1. *Bilde folgende Zeitformen (Tempusformen):*

gehen –
1. Person, Singular, Präsens

hergeben –
3. Person, weibl. (Femininum), Singular, Präteritum

essen –
3. Person, männl. (Maskulinum), Singular, Perfekt

wachsen –
3. Person, sächl. (Neutrum), Singular, Futur

besuchen –
2. Person, Plural, Futur

weggehen –
2. Person, Singular, Präsens

abholen –
3. Person, Plural, Präteritum

TEST

BEWERTUNG:
6 RICHTIGE: SEHR GUT
5 RICHTIGE: GUT
4 RICHTIGE: BEFRIEDIGEND
3 RICHTIGE: AUSREICHEND
WENIGER ALS 3 RICHTIGE: DU MUSST NOCH ÜBEN!

DAS ADJEKTIV
(EIGENSCHAFTSWORT/WIEWORT)

Die drei Faulen

Ein alter König hatte drei große Söhne. Als die Zeit kam und er sein schönes Königreich abgeben wollte, rief er sie zu sich. Es waren gute Söhne und er liebte sie alle. Deshalb hatte sich der kluge Vater eine ungewöhnliche Aufgabe ausgedacht. Er sagte: „Von euch soll der König werden, der am faulsten ist."
Da sprach der älteste Sohn: „Vater, so gehört das Reich mir. Denn wenn ich mich abends müde in mein weiches Bett lege und einschlafen will, bin ich zu faul, die Augen zu schließen."
Der zweite Sohn sprach: „Das Reich gehört mir. Denn wenn ich am warmen Feuer sitze und mir zu heiß wird, lasse ich aus Faulheit eher meine Füße verbrennen, als dass ich sie zurückziehe."
Der dritte sprach: „Dein schönes Reich ist mein. Denn sollte ich einmal erhängt werden und hätte schon den dicken Strick um meinen armen Hals, so könnte man mir das schärfste Messer geben. Ich wäre noch fauler als meine Brüder und würde das Messer nicht benutzen."
Das überzeugte den Vater und er sprach: „Du sollst der neue König sein."

nach Gebr. Grimm

1. *Unterstreiche in dem Text alle Adjektive. Benutze dabei die Hilfsfragen* WIE ...? *und* WAS FÜR EIN ...?

2. *Ein Adjektiv kommt hier in drei verschiedenen Formen vor. Trage ein:*

f _ _ _, _ _ _ _ _ _, _ _
_ _ _ _ _ _ _ _

Lösungen zu Seite 34:

1. alter, große, schönes, gute, kluge, ungewöhnliche, am faulsten, älteste, müde, weiches, faul, warmen, heiß, schönes, dicken, armen, schärfste, fauler, neue
2. faul, fauler, am faulsten

Lösungen zu Seite 35:

1. Die Adjektive müssen in dieser Reihenfolge eingesetzt werden: neuen; gutes; große und kleine; ellenlangen; glitschigen; luftiger; blauen; kleinen; bunten; wunderschönen; überfüllten

Im Freizeitpark

Am Samstag bin ich mit meinen Eltern zur Eröffnung des großen und kleine Freizeitparks von Kirchheim gefahren. Weil kleinen, bunten Wetter herrschte, waren schon viele ellenlangen Kinder mit ihren Eltern da. Wir mussten deshalb am Eingang in einer blauen Schlange warten.

Als wir endlich drin waren, bin ich gleich mit der luftiger Wildwasserbahn gefahren. Danach suchten wir die Schwebebahn mit ihren Kabinen in neuen Höhe. Später schwebte ich darin über einen gutes See mit glitschigen Booten.

Diese überfüllten Stunden im Freizeitpark vergingen wie im Fluge. Als wir danach wieder auf die wunderschönen Straßen in den Stau mussten, wollte die Zeit ganz und gar nicht vergehen.

1. *Hier sind die Adjektive durcheinander geraten. Schreibe den Text neu auf und setze die Adjektive passend ein.*

1. *Beschreibe genauer, indem du die folgenden Adjektive (Eigenschaftswörter/Wiewörter) einsetzt.*

alt, kompliziert, kostbar, geschickt, interessant, besonderer, klein, einfach, lang, flüssig, verschieden, rot, grün, gefärbt, glühend, eigen, unhandlich, wunderschön, zweifarbig

Beim Glasbläser

In den Herbstferien waren wir im Schwarzwald. Dort haben wir eine _ _ _ _ Glasbläserei besichtigt. Man konnte bei der k________ Herstellung k________ Weingläser zusehen. Auch g________ Glasschleifer und Glasmaler waren bei ihrer i________ Arbeit zu beobachten. An einem b________ Stand durften die Besucher selbst einmal Glas blasen, und zwar eine _ _ _ _ _ _ Blumenvase, weil das _ _ _ _ _ _ _ _ _ _ _ _ _ ist. Dazu bekam man ein ________ Blasrohr mit einem ________ Glasklümpchen. Das musste erst in einen oder zwei v________ Farbbehälter getaucht werden. Ich habe mir ________ und ________ Farbe ausgesucht. Dann wurde das so g________ Glas noch einmal in den g________ Ofen gesteckt. Danach durfte ich endlich meine _ _ _ _ _ _ Vase blasen. Der Glasbläser half mir, das für mich etwas ________ Rohr zu drehen. Es ist eine ________ ________ Vase geworden.

Lösungen zu Seite 36:

1. alte, komplizierten, kostbarer, geschickte, interessanten, besonderen, kleine, am einfachsten, langes, flüssigen, verschiedene, rote, grüne, gefärbte, glühenden, eigene, unhandliche, wunderschöne zweifarbige

Lösungen zu Seite 37:

1. dunkle Gewitterwolken; müder Hund; neuen Stühle; schützende Terrassendach; greller Blitz, dunklen Wolken; Grollender Donner, fürchterlicher Regen; langen, biegsamen Äste; nassen, platt gedrückten Rasen; schillernder Regenbogen

1. *Verwende das treffendste Adjektiv.*

Gegen Mittag zogen ________ Gewitterwolken auf.
(fröhlich, dunkel, bitter)

Unser ________ Hund räkelte sich noch auf der Terrasse.
(rund, grün, müde)

Sarah holte schnell die ________ Stühle vom Rasen.
(neu, satt, leicht)

Sie stellte sie unter das ________ Terrassendach.
(schön, rot, schützend)

Da zuckte schon ein ________ Blitz aus den ________ Wolken.
(klein, grell, gelb, kurz, lang; entfernt, dunkel, wolkig)

________ Donner folgte und dann setzte ein ________ Regen ein.
(Tief, Hoch, Grollend; lang, nass, fürchterlich)

Er peitschte die ________, ________ Äste der Weide, sodass sie den ________, ________ Rasen berührten.
(hoch, eisig, lang; biegsam, hölzern blau; trocken, nass, grün; schief, weiß, platt gedrückt)

Eine halbe Stunde später stand ein ________ Regenbogen am Horizont.
(gelb, schillernd, eckig)

TIPP:
Mit Adjektiven (Eigenschaftswörtern/Wiewörtern) kannst du Geschichten, Erlebniserzählungen usw. anschaulicher, genauer und interessanter machen. Sie geben Antwort auf die Fragen WIE? und WAS FÜR EIN?

1. *Ordne die Adjektive (Eigenschaftswörter/Wiewörter) ein.*

ärgerlich, ärztlich, bergig, diebisch, durstig, farbig, festlich, freundlich, friedlich, glücklich, goldig, künstlerisch, ländlich, modisch, narbig, neidisch, pflanzlich, regnerisch, sandig, schulisch, seelisch, seidig, spielerisch, städtisch, staubig, stürmisch, waldig, weiblich, winterlich, zornig

-ig	-lich	-isch

2. *Ergänze die Adjektiv-Endungen in den vier Fällen.*

1. Fall:	der	farbige	Luftballon	Nominativ
2. Fall:	des	farbig	Luftballons	
3. Fall:	dem	farbig	Luftballon	
4. Fall:	den	farbig	Luftballon	

Lösungen zu Seite 38:

1. -ig: bergig, durstig, farbig, goldig, narbig, sandig, seidig, staubig, waldig, zornig
   -lich: ärgerlich, ärztlich, festlich, freundlich, friedlich, glücklich, ländlich, pflanzlich, weiblich, winterlich
   -isch: diebisch, künstlerisch, modisch, neidisch, regnerisch, schulisch, seelisch, spielerisch, städtisch, stürmisch
2. der farbige Luftballon (Nominativ), des farbigen Luftballons (Genitiv), dem farbigen Luftballon (Dativ), den farbigen Luftballon (Akkusativ)

Lösungen zu Seite 39:

1. höher, lauter, schöner, schneller, tiefer, am höchsten, am sichersten, am lautesten, am hörbarsten, am schönsten, lieblicher als, am besten, schneller als, am tiefsten, am längsten, hoch, lauter als, schöner und lieblicher als, am besten, am schnellsten, am tiefsten, länger als

1. *Setze die passenden Formen ein.*

Als die Vögel einen König suchten

In alten Zeiten wollten die Vögel einmal einen König wählen. Alle sollten ihre Künste zeigen und der Uhu war Schiedsrichter. Zuerst flog der Adler hoch in die Luft. Dann krähte der Hahn ganz laut, die Nachtigall sang sehr schön, die Schwalbe flog besonders schnell und der Haubentaucher tauchte extra tief.

Der Uhu konnte sich zu keinem Urteil durchringen. Er fragte die Zuschauer: „Wer kann noch _____ fliegen als der Adler? Wer kräht _____ als der Hahn? Wer singt _____ als die Nachtigall? Wer ist _____ als die Schwalbe? Und wer kann _____ tauchen als der Haubentaucher?“

Empört schrien die fünf Bewerber durcheinander: „Ich fliege am _____ (hoch) und am _____ (sicher) von allen!“ – „Ich krähe am _____ (laut) und am _____ (hörbar)!“ – „Ich aber singe am _____ (schön) und viel _____ (lieblich) als die anderen!“ – „Ich fliege _____ (gut) und viel _____ (schnell) als alle anderen!“ – „Aber ich tauche dafür _____ (tief) und _____ (lange)!“

Der ratlose Uhu zählte noch einmal für sich auf: Keiner fliegt so _____ (hoch) wie der Adler. Niemand kräht _____ (laut) als der Hahn. Keiner singt _____ (schön) und _____ (lieblich) _____ die Nachtigall. Die Schwalbe fliegt wohl _____ (gut) und _____ (schnell). Und der Haubentaucher taucht _____ (tief) und viel _____ (lange) als alle anderen Vögel.

Zu einem Ergebnis kam der Uhu leider nicht. Und deshalb haben die Vögel bis heute keinen König gefunden.

Lösungen zu Seite 40:

1. alt – älter – am ältesten, arm – ärmer – am ärmsten, bequem – bequemer – am bequemsten, berühmt – berühmter – am berühmtesten, fremd – fremder – am fremdesten, frisch – frischer – am frischesten, gesund – gesünder – am gesündesten (selten: am gesundesten),
2. Die Steigerung ist nicht sinnvoll bei: tot, viereckig, rot, schwarz, leer. wild – wilder – am wildesten, tief – tiefer – am tiefsten, schnell – schneller – am schnellsten, weit – weiter – am weitesten

Lösungen zu Seite 41:

1. schöner, regnerischer, langweiliger als, kleinen, tollen, fremdartigen, herrlicher, wunderschöne, schönsten, schwarzweißen
2. Singular: der fremdartige Fisch (1. Fall/Nominativ), des fremdartigen Fisches (2. F./Genitiv), dem fremdartigen Fisch (3. F./Dativ), den fremdartigen Fisch (4. F./Akkusativ) Plural: die fremdartigen Fische (1. F./Nom.), der fremdartigen Fische (2. F./Gen.), den fremdartigen Fischen (3. F./Dat.), die fremdartigen Fische (4. F./Akk.)
3. schön – schöner – am schönsten, klein – kleiner – am kleinsten, herrlich – herrlicher – am herrlichsten, dunkel – dunkler – am dunkelsten, gut – besser – am besten, viel – mehr – am meisten

1. *Steigere die folgenden Adjektive.*

alt, arm, bequem, berühmt, fremd, frisch, gesund

Grundstufe	Steigerungsstufe	Höchststufe
alt	älter	am ältesten

2. *Kreise die Adjektive ein, bei denen eine Steigerung nicht sinnvoll ist (z.B. geht „toter“ als „tot“ nicht). Steigere die übrigen.*

tot, viereckig, wild, rot, tief, schwarz, leer, schnell, weit

Grundstufe	Steigerungsstufe	Höchststufe
wild		

Das hast du gelernt:

*Adjektive (Eigenschaftswörter/Wiewörter) erkennt man nicht immer gleich. Manche haben typische Endungen: durst**ig**, freund**lich**, mod**isch**.*

*Ein anderes Merkmal ist, dass sie sich zusammen mit dem Nomen beugen (deklinieren) lassen: die freundlich**e** Dam**e**, die Hütte des groß**en** Hund**es**; dem klein**en**, lieben Jung**en**; den alt**en**, nett**en** Leu**ten***

Adjektive erkennt man auch daran, dass man sie steigern kann: schön – schöner – am schönsten; friedlich – friedlicher – am friedlichsten, gut – besser – am besten usw.

TEST

Schreibe einen kleinen Abschluss-Test. (Er besteht aus drei Teilen.)

Ein schöner Tag
Es war ein regnerischer Mittwoch. Das Fernsehprogramm war noch langweiliger als sonst. Da kam Mutter in mein Zimmer. „Komm, wir fahren zu der kleinen Zoohandlung in der Stadt und kaufen diese tollen, fremdartigen Fische“, sagte sie. Plötzlich war es ein herrlicher Tag! – Wir kauften drei wunderschöne Zebrabärblinge, und zwar die schönsten. Jetzt schwimmen die schwarzweißen Zierfische in meinem Aquarium.

1. *Unterstreiche alle Adjektive und schreibe sie heraus. Die Überschrift gehört dazu!*

2. *Beuge (dekliniere) im Singular und im Plural und ergänze.*

Singular:

der fremdartige Fisch	1. Fall/ Nominativ
des	2. Fall/
dem	
den	

Plural:

die

3. *Steigere:*

schön	dunkel
klein	gut
herrlich	viel

BEWERTUNG:
0-2 FEHLER: SEHR GUT
3-5 FEHLER: GUT
6-8 FEHLER: BEFRIEDIGEND
9-12 FEHLER: AUSREICHEND
ÜBER 12 FEHLER: DU MUSST NOCH ÜBEN!

DAS PERSONALPRONOMEN
(PERSÖNLICHES FÜRWORT)

Die Kamille

Großmutter erzählt Nicole: Die Kamille ist eine alte Heilpflanze. Sie wird meist als Tee zubereitet. ___ wirkt schmerzlindernd und krampflösend. ___ kannst aber auch die Blüten in ein Leinensäckchen füllen, ___ kurz in heißes Wasser tauchen und dann auf eine Wunde legen. ___ habe das früher oft bei den Kindern gemacht, wenn ___ kleine eitrige Verletzungen hatten. Im Winter, wenn ___ alle, die ganze Familie, Husten und Schnupfen bekamen, wurden einfach heiße Kamilledämpfe eingeatmet. Heute macht ___ das ja kaum noch. Jeder rennt gleich zum Doktor oder in die Apotheke.

1. *Setze die fehlenden Personalpronomen ein.*

2. *Für welches Nomen (Substantiv / Hauptwort) steht jeweils das Personalpronomen (persönliche Fürwort)? – Ergänze.*

Personalpronomen	steht hier für das Nomen
ich	die Gr___
du	Nicole
er	der ___
sie	die ___
es	das ___sä___
wir	die Großeltern und die Eltern
ihr	die Kinder
sie	die ___

Lösungen zu Seite 42:

1. Sie, Er, Du, es, Ich, sie, wir, ihr
2. ich – die Großmutter, du – Nicole, er – der Tee, sie – die Kamille, es – das Leinensäckchen, wir – die Großeltern und die Eltern, ihr – die Kinder, sie – die Kinder (= jetzt die Eltern)

Lösungen zu Seite 43:

1. Sieh im Lösungsteil auf Seite 92 nach.

Der entführte Hund

Neulich war ich mit Vater in Stendal, wo Vater eine Kundin besuchen musste. Weil die Kundin viele Tiere hat, durfte ich mitfahren. Vater und ich parkten das Auto auf dem Hof. Das Auto musste in der Sonne stehen. Darum machten Vater und ich alle Türen auf. Ich spielte mit vier jungen Hunden. Die Hunde waren erst sechs Wochen alt und die Hündin hatte nichts dagegen. Die Hündin trottete abseits in den Schatten.

Als wir später wieder zu Hause waren, klingelte das Telefon. Vater hob ab, hörte kurz zu, und dann musste Vater lachen. Die Hündin fuhr so gern Auto, dass die Hündin unbemerkt in unseren Wagen geschlichen war und jetzt noch darin sein musste. Wir hatten einen Hund entführt!

1. *Schreibe den Text ab und vermeide dabei möglichst viele Wiederholungen. Verwende Personalpronomen.*

Mein Fohlen

Am letzten Samstag in den Ferien kam meine Mutter schon sehr früh in mein Zimmer. ___ habe noch ganz fest geschlafen. ___ hat ___ sanft geweckt und dabei sonderbar gelächelt. Ich rieb ___ die Augen und fragte ___: „Wieso kommst ___ heute schon so früh?" – „___ haben Nachwuchs bekommen. Dein Pony hat ein süßes, kleines Fohlen geboren!"
Ich umarmte Mama und war eine Minute später bei Stella im Stall. Neben Stella stand ___, das Kleine! Und die Mutter leckte ___ über das feuchte Fell. Ich hatte den Eindruck, dass beide ___ ganz stolz ansahen.
Als ich später leider in die Schule musste, konnte ich kaum abwarten, bis ich meine Kameraden sah. ___ wollten alles ganz genau wissen. Und ich erzählte ___ eine halbe Stunde lang.

1. *Setze die fehlenden Personalpronomen ein.*

Das hast du gelernt:
Personalpronomen (persönliche Fürwörter) können Nomen (Substantive/Hauptwörter) ersetzen. Dadurch vermeidet man z. B. störende Wiederholungen.
Personalpronomen werden wie das Nomen, das sie ersetzen, gebeugt (dekliniert): Der Torwart fängt den Ball. Er fängt ihn. Frau Ernst gibt das Geschenk Tina. Sie gibt es ihr.

Lösungen zu Seite 44:

1. Ich, Sie, mich, mir, sie, du, Wir, es, ihm, uns, Sie, ihnen

Lösungen zu Seite 45:

1. (er) René, (sie) Linda, (er) Roland, (Sie) Linda, (er) René, (ihm) Roland, (Sie) Linda, (sie) die Dose, (ihm) René, (Sie) Linda, (er) René, (ihn) René, (sie) Linda, (ihn) Roland

Schreibe einen kleinen Test zum Personalpronomen.

1. *Wer ist schuld an der zerbrochenen Fensterscheibe? – Setze diese drei Namen ein:* René, Linda, Roland.

Nach der Schule sind (er) René, (sie) _____ und (er) Roland gemeinsam nach Hause gegangen. (Sie) _____ hatte noch eine volle Getränkedose dabei, die (er) _____ ihr stibitzte und (ihm) Roland zuwarf. (Sie) _____ fand das gar nicht lustig und zog René, den Dieb, an den Haaren. Aber nicht er, sondern Roland hatte ja die Dose inzwischen. Vor lauter Übermut warf er (sie) _____ (ihm) _____ wieder zu. Und so weiter. (Sie) _____ wurde schließlich so ärgerlich, dass sie dazwischensprang. Aber, o weh! Weder Roland noch (er) _____ konnte die Dose festhalten und sie landete – peng! – in einer Fensterscheibe.

Wen trifft nun die Schuld: (ihn) _____, (sie) _____ oder gar (ihn) _____?

TEST

BEWERTUNG:

0–1 FEHLER: SEHR GUT

2–3 FEHLER: GUT

4–5 FEHLER: BEFRIEDIGEND

6–7 FEHLER: AUSREICHEND

ÜBER 7 FEHLER: DU MUSST NOCH ÜBEN!

DIE PRÄPOSITION (VERHÄLTNISWORT)

1. *Sieh dir das Bild an. Ergänze dann die folgenden Sätze mit diesen Präpositionen (Verhältniswörtern):*

an, auf, durch, gegen, hinter, in, in, neben, über, unter, zwischen

Max hat eine Leiter _____ den Baum gelehnt. __ der Hand hält er einen Eimer. Er will ___ den Baum steigen und die Äpfel pflücken, die __ den Ästen hängen. Als Max die Leiter besteigt, fällt ein reifer Apfel __ das Gras _____ ihm. Das erschreckt eine kleine Maus, die ________ den Wurzeln wohnt. Sie huscht ______ die Mauer. Als Max oben ist, raschelt es ____ ihm. Ein Vogel fliegt _____ die Zweige. _____ sich entdeckt er ein Nest. Dann fängt er an zu pflücken.

Lösungen zu Seite 46:

1. gegen, In, auf, an, in, unter, zwischen, hinter, über, durch, neben

Lösungen zu Seite 47:

2. auf den Tisch, auf dem Tisch, vor den Tisch, vor dem Tisch, neben den Tisch, neben dem Stuhl, hinter das Sofa, hinter dem Sofa, unter das Bett, unter dem Bett

1. *„Kleine Wörter" machen den großen Unterschied aus. – Schreibe eines der „kleinen Wörter" auf die Linie und zeichne den Ball entsprechend ein.*

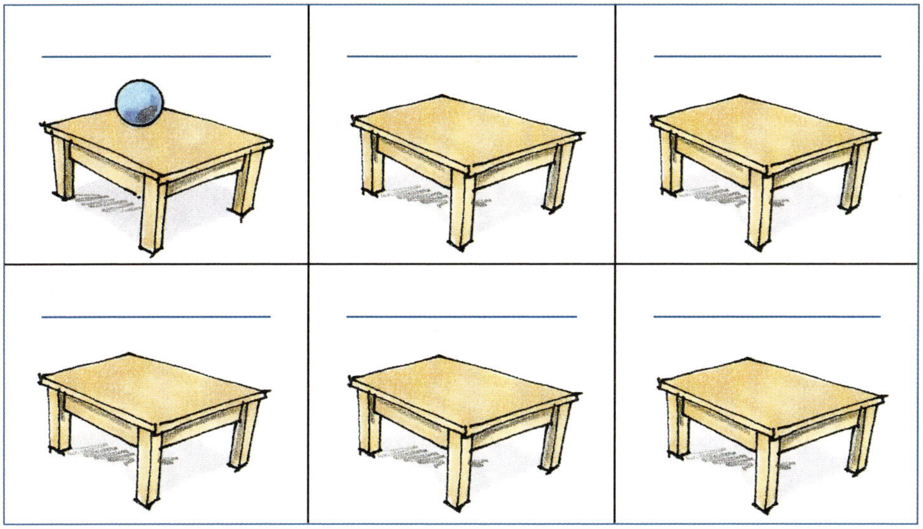

Der Ball liegt auf, vor, über, unter, hinter, neben dem Tisch.

2. *Ergänze die Sätze.*

Julia legt ihren Ball auf ___ Tisch. WOHIN?

Jetzt liegt er auf ___ Tisch. WO?

Julia rollt ihn schnell vor ___ Tisch. WOHIN?

Vor ___ Tisch ist auch kein guter Platz. WO?

Soll sie ihn neben ___ Tisch legen. WOHIN?

Auch neben ___ Stuhl stört er. WO?

Sie schiebt den Ball hinter ___ Sofa. WOHIN?

Mutter fragt, was er hinter ___ Sofa soll. WO?

Also kommt er unter ___ Bett. WOHIN?

Unter ___ Bett liegt er nämlich immer. WO?

ÜBUNGS-TIPP:

Vergiss bei allem Üben deine Freizeit nicht!
Hast du schon einmal an eine Zeiteinteilung für den Nachmittag gedacht? Probiere es einmal mit Zettelchen an der Pinnwand! Das hilft gegen Vergessen und schlechtes Gewissen.

Lösungen zu Seite 48:

1. auf dem Rasen (WO?): Dativ/3. Fall
   auf den Rasen (WOHIN?): Akkusativ/4. Fall
   über dem Wald (WO?): Dativ/3. Fall
   über den Wald (WOHIN?): Akkusativ/4. Fall
   unter die Brücke (WOHIN?): Akkusativ/4. Fall
   unter der Brücke (WO?): Dativ/3. Fall

Lösungen zu Seite 49:

1. nach Frankreich, zu unseren Verwandten, in einem kleinen Dorf, am Fluss, über die alte Brücke, zum Marktplatz, in die Kirche, Neben der Kirche, unter einer Kiefer, durch einen großen Torbogen, ins einzige Café, Unter riesigen Platanen, zwischen Blumen, bei uns, mit meinem Vater, im Haus, neben dem Café, ohne Mühe, Nach zwei Stunden, Unter der Brücke, am Ufer, mit großen Eisenkugeln, auf einem Sandstreifen, entlang des Weges, In Frankreich, Aus diesem Grunde, hinter dem Haus, auf dem Rasen

1. *Stelle fest, in welchem Fall das Nomen (Substantiv/Hauptwort) hinter der Präposition (Verhältniswort) steht.*

Ich gehe auf dem Rasen.

Frage: Wo gehe ich?

Fall: Dativ (3. Fall)

Ich gehe auf den Rasen.

Frage: Wohin ______ ?

Fall: ______ (4. Fall)

Der Vogel fliegt über dem Wald.

Frage: ______

Fall: ______

Der Vogel fliegt über den Wald.

Frage: ______

Fall: ______

Unser Auto fuhr unter die Brücke.

Frage: ______

Fall: ______

Unser Auto fuhr unter der Brücke.

Frage: ______

Fall: ______

Das hast du gelernt:

Präpositionen (Verhältniswörter) sind „kleine Wörter“, die im Satz wichtige Unterschiede ausdrücken können:

an, auf, vor, über, hinter, unter, neben, in, mit, von usw.

Sie helfen dem Nomen, Ort, Richtung, Zeit, Grund und anderes auszudrücken.

Ihnen folgt meist ein Nomen (Substantiv/Hauptwort) im 3. Fall (Dativ) oder im 4. Fall (Akkusativ).

Schreibe einen Abschluss-Test zu den Präpositionen.

1. *Füge alle fehlenden Präpositionen (Verhältniswörter) ein.*

Pfingsten in Frankreich

In den Pfingstferien sind wir n _ _ _ Frankreich z _ unseren Verwandten gefahren. Sie wohnen i _ einem kleinen Dorf direkt a _ Fluss.

Pfingstsonntag sind wir ü _ _ _ die alte Brücke z _ _ Marktplatz und dann _ _ die Kirche gegangen.

N _ _ _ _ der Kirche ist der Friedhof. Dort liegt u _ _ _ _ einer Kiefer mein Urgroßvater. Dann sind wir d _ _ _ _ einen großen Torbogen i _ _ einzige Café des Dorfes gegangen. U _ _ _ _ riesigen Platanen, z _ _ _ _ _ _ _ Blumen, Hühnern und jungen Katzen haben wir Eis gegessen. Der Wirt blieb die ganze Zeit b _ _ uns sitzen, denn als Junge hat er m _ _ meinem Vater gespielt. Vater ist nämlich i _ Haus n _ _ _ _ dem Café groß geworden. Die beiden konnten sich natürlich o _ _ _ Mühe unterhalten. N _ _ _ zwei Stunden gingen wir wieder.

U _ _ _ _ der Brücke a _ Ufer waren inzwischen viele Leute versammelt. Einige spielten m _ _ großen Eisenkugeln a _ _ einem Sandstreifen „Boule“.

Meine Cousine sammelte e _ _ _ _ _ _ des Weges alle Schnecken, die sie fand. I _ Frankreich werden sie besonders gern gegessen. Aber wir mögen sie nicht. A _ _ diesem Grunde haben wir sie h _ _ _ _ _ dem Haus a _ _ dem Rasen wieder freigelassen.

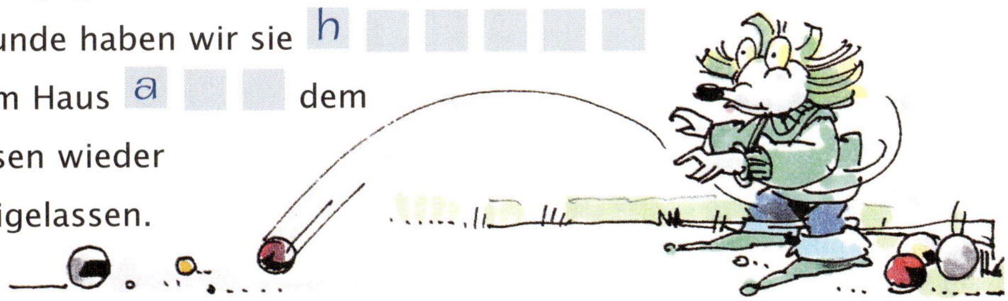

TEST

BEWERTUNG:

0–1 FEHLER: SEHR GUT

1–3 FEHLER: GUT

4–6 FEHLER: BEFRIEDIGEND

7–8 FEHLER: AUSREICHEND

MEHR ALS 8 FEHLER: DU MUSST NOCH ÜBEN!

EXTRA-TOUR: WORTARTENWECHSEL

1. *Ordne diese Wörter (ohne sie zu verändern!) so oft ein, wie es geht. Beachte die Groß- und Kleinschreibung (Wörterbuch!).*

LAUFEN, HOCH, DREI, SCHLAFEN, GRÜN, GEHEN, ZEHN, TIEF, HIN UND HER

Nomen	Verb	Adjektiv	andere Wörter
das Laufen	laufen	———	———

2. *Setze ein: Nomen [N], Verb [V] oder Adjektiv [A]?*

Nach dem ESSEN ______ [N] solltest du das ZÄHNEPUTZEN ______ [ ] nicht VERGESSEN ______ [ ].

Anne kann man leicht am LAUTEN ______ [ ] LACHEN ______ [ ] ERKENNEN ______ [ ].

Wir sollten mal wieder ins GRÜNE ______ [ ] FAHREN ______ [ ].

3. *Alte Weisheiten. – Vervollständige die Sätze mit Hilfe dieser Wörter:* dumm, fleißig, alt, jung, gut.

Die _ _ _ _ _ _ werden nicht alle. – Der _ _ _ _ _ _ _ _ leidet selten Not. – Wie die _ _ _ _ _ sungen, so zwitschern die _ _ _ _ _ _. Vergiss nicht, jeden Tag etwas _ _ _ _ _ zu tun.

Lösungen zu Seite 50:

1. Nomen: das Laufen, das Hoch, die Drei, das Schlafen, das Grün, das Gehen, die Zehn, das Tief, das Hin und Her
   Verben: laufen, schlafen, gehen
   Adjektive: hoch, grün, tief
   andere Wörter: drei, zehn, hin und her
2. Nach dem Essen [N], das Zähneputzen [N], vergessen [V], am lauten [A] Lachen [N] erkennen [V], ins Grüne [N] fahren [V]
3. Die Dummen ..., Der Fleißige ..., die Alten – die Jungen, ... etwas Gutes

Lösungen zu Seite 51:

1. Zum Beispiel:
   Hier ist das Abstellen von Fahrrädern erlaubt! – Das Schlagen von Kindern ist verboten! – Das Singen und das Pfeifen sind erwünscht! – Das Aufgeben von Hausaufgaben ist streng verboten!
2. Der Gesunde braucht keinen Arzt. – Der Faule hat oft Langeweile. – Der Kranke braucht gute Medizin. – Der Satte weiß nicht, wie dem Hungrigen zumute ist.

1. *Verboten oder erlaubt? – Entscheide selbst.*

Hier ist das ______________ von Fahrrädern __________!

Das ______________ von Kindern ist ______________!

Das ______________ und das ______________ sind erwünscht!

Das ______________ von Hausaufgaben ist streng verboten!

2. *Verkürze die Sätze, indem du die Wörter wechselst.*

Wer ehrlich ist, gibt das Gefundene zurück.

Der Ehrliche gibt das Gefundene zurück.

Wer gesund ist, braucht keinen Arzt.

Wer faul ist, hat oft Langeweile.

Wer krank ist, braucht gute Medizin.

Wer satt ist, weiß nicht, wie dem, der hungrig ist, zumute ist.

Das hast du gelernt:
Die meisten Wörter können zum Nomen (Substantiv/Hauptwort) werden. Man erkennt sie dann am Artikel (Geschlechtswort) und schreibt sie groß: ***gehen, das Gehen; grün, im (= in dem) Grünen; zwei, die Zwei*** *(im Diktat).*

SÄTZE UND SATZGLIEDER

KAPITEL 2

Wörter und Sätze benutzen wir zur Verständigung untereinander, in mündlicher und in schriftlicher Form.

BUCHSTABEN BILDEN WÖRTER

WÖRTER BILDEN SATZGLIEDER

SATZGLIEDER UND WÖRTER MACHEN SÄTZE

SÄTZE MACHEN TEXTE

Im Satz werden Wörter nach bestimmtem Regeln angeordnet. Die Haupt-Satzarten sind Aussagesatz, Fragesatz und Aufforderungssatz.

Lösungen zu Seite 53:

1. Sieh im Lösungsteil auf Seite 92 nach.

Die richtige Hundenahrung

Magst du Hunde auch so gern wie ich

Ich habe gleich drei Stück davon Deshalb kenne ich mich auch gut mit ihrer Ernährung aus Lies dir also diese Zeilen sorgfältig durch

Hunde sind von Natur aus Fleischfresser Muss man sie deshalb aber unbedingt stets mit reinem, frischem Fleisch versorgen Nein, denn es gibt heute gutes Fertigfutter mit Fleischanteilen, das zugleich auch wichtige pflanzliche Stoffe enthält

Achte unbedingt darauf, dass der Hund mit dem Futter Ballaststoffe bekommt Sie sind wichtig für seine Verdauung

Überprüfe die Nahrung auch stets auf Vitamine

Und was ist sonst noch wichtig

Genügend frisches Wasser muss bereitstehen und das Tier muss bewegt werden Wenn du das alles beachtest, hast du lange einen zufriedenen, gesunden Hund

1. *Setze für jede Satzart das richtige Zeichen am Satzende ein.*

ÜBUNGS-TIPP:

Du hast schon gemerkt: gute Übungen bringen etwas! Du kannst deine Arbeit aber noch verbessern. Setze dir für jedem Übungs-Nachmittag ein besonderes Ziel!

Beispiele:

- *Heute bearbeite ich die Seiten 8 und 9. Dabei achte ich mal besonders auf saubere Schrift.*
- *Bei den Übungen auf Seite 10 benutze ich ein Wörterbuch, ehe ich in den Lösungen nachsehe.*
- *Nach den Hausaufgaben ordne ich meinen Schreibtisch und die Schultasche.*

Der gutgläubige Hund

Eine Hündin hatte fünf Junge bekommen   Sie hatte aber keine Hütte über dem Kopf und ging zu ihrem Nachbarn
Lieber Nachbar, gib mir deine Hütte   Meine Kleinen frieren und werden sonst sterben
Aber wann bekomme ich meine Hütte zurück   Dauert es länger als vierzehn Tage
Nein, nach dieser Zeit kannst du wieder hinein
Nach vierzehn Tagen kam der gutmütige Nachbar zurück
Sind deine Jungen jetzt groß genug
So lasst mich wieder in meine Hütte
Nein, geh wieder fort   Komm in zwei Wochen wieder
Der Nachbar ging fort
Nach zwei Wochen stand er wieder vor seiner Hütte
Kann ich jetzt endlich hinein   Ist mein Haus nun frei
Die Jungen waren inzwischen groß und stark geworden
Das ist unser Haus   Mach, dass du wegkommst
Sie knurrten und jagten den eigentlichen Besitzer davon
Kennst du die Lehre dieser Fabel

nach La Fontaine

1. *Überlege, wo die einzelnen Sätze enden. Setze dort die fehlenden Zeichen. Die Zeichen für die wörtliche Rede darfst du ausnahmsweise weglassen.*

Lösungen zu Seite 54:

1. Sieh im Lösungsteil auf Seite 93 nach.

Lösungen zu Seite 55:

1. Sieh im Lösungsteil auf Seite 93 nach.

1. *Schreibe aus dem Text von Seite 54 die einzelnen Sätze geordnet heraus.*

Aussagesätze (10):

Aufforderungssätze (5):

Fragesätze (6):

1. *Schreibe in die leeren Sprechblasen noch je drei Aussagesätze, Aufforderungssätze und Fragesätze.*

Das hast du gelernt:

Aussagesatz, Aufforderungssatz und Fragesatz sind unsere Haupt-Satzarten.
Der Aussagesatz kommt am häufigsten vor; an seinem Ende steht ein Punkt. Nach dem Aufforderungssatz und nach Ausrufen steht ein Ausrufezeichen. Nach dem Fragesatz steht ein Fragezeichen.

Lösungen zu Seite 56:

1. Zum Beispiel:
   Aussagesätze: Papa kommt gleich. – Ich gehe schon ins Wasser. – Ich schwimme noch drei Bahnen.
   Aufforderungssätze: Lass uns springen! – Fang den Ball! – Hört auf zu werfen!
   Fragesätze: Was hast du gesagt? – Darf ich mitspielen? – Wie lange schwimmst du noch?

Lösungen zu Seite 57:

1. Katrin beobachtet einen Vogel. Er pickt Samenkörner und kleine Käfer. Der Vogel hat wunderschöne, glänzende Federn. Eine Feder verliert er. Katrin hebt sie auf. Sie sammelt Federn. Ihr Sammelkästchen quillt schon über.
2. WER beobachtet ...? – Katrin
   WER pickt ...? – Er
   WER hat ...? – Der Vogel
   WER verliert ...? – er
   WER hebt ...? – Katrin
   WER sammelt ...? – Sie
   WAS quillt schon über? – Ihr Sammelkästchen

Subjekt, Prädikat und Objekt

1. *Setze ein:* der Vogel, er *(2-mal),* Katrin *(2-mal),* ihr Sammelkästchen, sie. *Achte auf die Groß- und Kleinschreibung.*

_ _ _ _ _ _ beobachtet einen Vogel. _ _ pickt Samenkörner und kleine Käfer. ____ ____ hat wunderschöne, glänzende Federn. Eine Feder verliert ____. ____ hebt sie auf. ____ sammelt Federn. ____ ____ quillt schon über.

2. *Beantworte und ergänze die Fragen.*

Wer beobachtet den Vogel? _ _ _ _ _ _
____ pickt Samenkörner und kleine Käfer? _ _
____ hat wunderschöne, glänzende Federn? ____
____ verliert eine Feder? ____
____ hebt sie auf? ____
____ sammelt Federn? ____
____ quillt schon über? ____

TIPP:
Der Satz besteht aus einzelnen Satzgliedern. Mit WER? oder WAS? erfragt man das Satzglied „Subjekt“ (Satzgegenstand). Das Subjekt steht immer im Nominativ (1. Fall). Hauptsatz und auch Gliedsatz haben immer je ein Subjekt.

Mit dem Zug ins Bergwerk

Ich möchte einmal Höhlenforscher werden. Deshalb haben mich Oma und Opa neulich zu einem Bergwerksbesuch eingeladen. Am Sonnabend fuhren wir mit einer kleinen Busreisegruppe los. Nach zwei Stunden erreichten wir das Ziel; wir waren in Lauthental angekommen. Dort bestieg die ganze Gruppe einen kleinen Zug. Alle mussten einen Helm aufsetzen. Am lustigsten sah meine Oma aus. Dann ging es los. Die Bahn rollte langsam von Station zu Station und ein Führer gab Erläuterungen. Man konnte sich gut vorstellen, wie hier früher die Bergleute gearbeitet haben. Es war sehr interessant.
Dann hielt der Zug an einer besonderen Stelle. Hier hatten einmal fünf Bergleute einen unbekannten Seitengang entdeckt. Sie hatten ihn sofort erforschen wollen und waren zwei Tage lang verschollen. Gott sei Dank hat man sie dann gefunden und gerettet. Die Zugfahrt durch das Bergwerk war sehr schön. Opa fragte mich auf der Rückfahrt: „Willst du immer noch Höhlenforscher werden?" – „Darauf kannst du dich verlassen", antwortete ich. Aber etwas nachdenklich hat mich der Besuch im Bergwerk doch gemacht.

1. *Unterstreiche in jedem Satz das Subjekt (Satzgegenstand). Hilf dir mit den Fragewörtern WER? und WAS?*

Lösungen zu Seite 58:

1. Die Subjekte sind: ich, Oma und Opa, wir, wir, wir, die ganze Gruppe, Alle, meine Oma, es, Die Bahn, ein Führer, Man, die Bergleute, Es, der Zug, fünf Bergleute, Sie, man, die Zugfahrt, Opa, du, du, ich, der Besuch

Lösungen zu Seite 59:

1. Passende Verben sind: fuhren, trafen, sprach, berichtete, hatten bemerkt, sind gefahren, haben besichtigt, stand, kam, pumpten, haben aufgewischt
2. Die Prädikate sind: spiele, haben teilgenommen, spielte, erkämpften, bekamen, sind gefahren, hat gespielt, war, klatschten und pfiffen, endete, werde spielen, ist

1. *Was könnte hier geschehen sein? – Setze passende Verben (Tätigkeitswörter/Zeitwörter) ein.*

Mutter und ich fuhren in die Stadt. In der Fußgängerzone tr_____ wir Frau Lutz, unsere Nachbarin. Sie spr_____ uns an. Frau Lutz ber_____ von einem Wasserrohrbruch im Keller unseres Hochhauses. Wir _____ das gar nicht bemerkt. Wir sind gleich nach Hause _____ und _____ den Kellerraum besichtigt. Dort st_____ das Wasser schon zehn Zentimeter hoch. Nach einer halben Stunde k_____ die Feuerwehr. Die Feuerwehrleute p_____ das Wasser aus den einzelnen Räumen. In unserem eigenen Keller _____ wir die Reste dann mit einem Lappen aufge_____.

TIPP:
Das Satzglied mit dem Verb, das Prädikat (Satzaussage) gibt an, was geschieht. Das Prädikat erfragt man mit WAS GESCHIEHT? – WAS TUT?

2. *Unterstreiche die Prädikate (Satzaussagen). Denke daran, dass sie auch aus mehreren Teilen bestehen können.*

Ich spiele Mädchenfußball. Am letzten Sonntag haben wir an einem Turnier in Neustadt teilgenommen. Meine Mannschaft spielte an diesem Tag sehr gut. Wir erkämpften den dritten Platz! Dafür bekamen wir eine Medaille.
Nachmittags sind wir dann zur Belohnung noch einmal ins Stadion gefahren. Dort hat die Damennationalmannschaft gegen Norwegen gespielt. Es war ein tolles Spiel. Wir klatschten und pfiffen. Die Begegnung endete unentschieden.
Vielleicht werde ich auch einmal in der Nationalmannschaft spielen. Das ist jedenfalls mein größter Traum.

Unser neuer Wellensittich

Ich saß am Fenster. Plötzlich hörte ich lautes Vogelgeschrei aus dem Garten. Ich blickte hinaus und ich entdeckte im Kirschbaum zwei aufgeregte Amseln. Man wusste nicht gleich, warum sie schimpften. Dann entdeckte ich einen gelben Wellensittich. Er war wohl ausgerissen und er hatte in unserem Kirschbaum einen Schlafplatz gesucht. Deshalb verteidigten die Amseln jetzt ihren Baum so lautstark. Mein Vater kam, lachte und lief hinaus. Dann nahm er eine Leiter und stieg auf den Baum. Dort ergriff er den verängstigten Wellensittich und brachte ihn in mein Zimmer.

1. *Was geschieht hier? Wer tut was? – Unterstreiche jeweils das Subjekt (Satzgegenstand) und das dazugehörige Prädikat (Satzaussage). Schreibe dann beides heraus.*

Subjekt	Prädikat
ich	saß
ich	
man	

Lösungen zu Seite 60:

1. Subjekt und Prädikat sind: ich saß, ich hörte, Ich blickte hinaus, ich entdeckte, Man wusste, sie schimpften, ich entdeckte, Er war ausgerissen, er hatte gesucht, die Amseln verteidigten; Mein Vater kam, lachte und lief hinaus; er nahm und stieg, er ergriff und brachte

Lösungen zu Seite 61:

1. Folgende Satzglieder müssen nacheinander eingesetzt werden: den Zirkus, mich, einen Parkplatz, das Riesenzelt, die Eintrittskarten, unsere Plätze, allen Kindern, einen roten Punkt, eine Raubtierdressur, seine Tricks, Eis, die Tierschau, Pferde, fliegende Menschen, lustige Musikanten
2. WAS liebe ...? – den Zirkus
   WEN hat ...? – mich
   WAS zeigten ...? – die Eintrittskarten
   WAS führte ...? – seine Tricks
   WAS kaufte ...? – Eis
   WAS sahen ...? – die Tierschau
   WEM gefiel ...? – meiner Tante und mir

1. *Ergänze die Sätze mit folgenden Satzgliedern. Manche musst du noch beugen.*

mich, ein Parkplatz, das Riesenzelt, die Eintrittskarten, unsere Plätze, alle Kinder, ein roter Punkt, eine Raubtierdressur, seine Tricks, Eis, die Tierschau; Pferde, fliegende Menschen und lustige Musikanten

Ich liebe den Zirkus. Am Mittwoch war es wieder einmal soweit. Meine Tante hatte ______ zu einem Zirkusbesuch eingeladen. Wir fuhren zur Festwiese und suchten uns in der Nähe ______ ______. Auf der Wiese hatten die Zirkusleute ______ ______ aufgebaut. Wir zeigten ______ ______ vor und suchten ______ ______. Zuerst kam ein Clown und machte allen ______ ______ einen ______ ______ auf die Nase. Dann sahen wir ______ ______ mit Tigern und Löwen. Danach führte ein Zauberer ______ ______ vor. In der Pause kaufte meine Tante ______ und wir sahen uns ______ ______ vor dem bunten Zelt an. In der Vorstellung gab es dann noch ______, ______ ______ und ______ ______ zu bewundern.

2. *Beantworte und ergänze die Fragen.*

WAS	liebe ich?	den Zirkus
WEN	hat meine Tante eingeladen?	
	zeigten wir vor?	
	kaufte meine Tante in der Pause?	
WAS	führte ein Zauberer vor?	
	sahen wir draußen?	
WEM	gefiel das Programm?	

1. *Ergänze die folgenden Sätze mit den fehlenden Objekten.*

Oliver schenkt		.
(Julia, Buch)	WEM?	WEN?/WAS?
Julia schält		.
(Orange, Oliver)	WEM?	WEN?/WAS?
Wir kaufen		.
(Hund, Futter)	WEM?	WEN?/WAS?
Der Hund bringt		.
(Zeitung, uns)	WEM?	WEN?/WAS?
Maik beschreibt		.
(uns, seine Freundin)	WEM?	WEN?/WAS?
Ulli schenkt		.
(ein Lächeln, uns)	WEM?	WEN?/WAS?

Das hast du gelernt:

*Einfache Sätze bestehen aus den **Satzgliedern** (Satzteilen) Subjekt, Prädikat und meist auch Objekt.*
*Das **Subjekt** (Satzgegenstand) wird mit WER oder WAS? erfragt und steht im Nominativ (1. Fall).*
*Das **Prädikat** (Satzaussage) wird erfragt mit WAS GESCHIEHT? oder WAS TUT DAS SUBJEKT? Es besteht aus einem oder mehreren Verben; mindestens eins davon ist immer gebeugt.*
***Subjekt** und **Prädikat** stehen immer gemeinsam im Singular oder im Plural. Die Satzergänzungen **Akkusativ-Objekt** und **Dativ-Objekt** bestimmt man durch die Fragen WEN oder WAS? bzw. WEM?*

Lösungen zu Seite 62:

1. Oliver schenkt Julia ein Buch. – Julia schält Oliver eine Orange. – Wir kaufen dem Hund Futter. – Der Hund bringt uns die Zeitung. – Maik beschreibt uns seine Freundin. – Ulli schenkt uns ein Lächeln.

Lösungen zu Seite 63:

1. Die wichtigsten drei Satzglieder sind Subjekte (Satzgegenstand), Prädikat (Satzaussage) und Objekt (Satzergänzung).
   Das Dativ-Objekt erfragt man mit WEM? Das Akkusativ-Objekte erfragt man mit WEN? oder WAS?
2. und 3.
   Sieh im Lösungsteil auf Seite 94 nach.

Schreibe einen kurzen Test zu Subjekt, Prädikat und Objekt.

1. *Nenne die wichtigsten drei Satzglieder.*

Wie erfragt man das Dativ-Objekt, wie das Akkusativ-Objekt?

2. *Unterstreiche alle Subjekte einfach, die Prädikate doppelt.*

Bewegung mit dem Hund

Hunde sind Lauftiere. Sie brauchen deshalb viel Bewegung. Aber auch Frauchen und Herrchen sollten möglichst viel gehen und laufen. Joggen wäre für beide ideal.

Die Partner sollten allerdings langsam anfangen. Später darf das Tempo dann allmählich gesteigert werden. – Hunde besitzen keine Schweißdrüsen. Sie regulieren ihre Körpertemperatur über das Hecheln mit der Zunge.

3. *Unterstreiche die Dativ-Objekte einfach, die Akkusativ-Objekte doppelt.*

Deshalb soll man Pausen einlegen und dem Hund eventuell Wasser geben.

Benutzt man während des Joggens keine Leine, muss der vierbeinige Partner gut parieren. Er hat dem Menschen auf Wort zu folgen. Der Hund darf weder andere Tiere bedrohen, noch dürfen sie ihm gefährlich werden. Dann ist es sogar auch möglich, seinen Begleiter neben dem Fahrrad laufen zu lassen.

TEST!

BEWERTUNG:

0–1 FEHLER: SEHR GUT

2–3 FEHLER: GUT

4–5 FEHLER: BEFRIEDIGEND

6–8 FEHLER: AUSREICHEND

ÜBER 8 FEHLER: DU MUSST NOCH ÜBEN!

UMSTANDSBESTIMMUNGEN

Schutz für die kleinen Wale

Wale werden seit vielen Jahren gejagt. Sie leben in den großen Ozeanen. Die Menschen fangen sie wegen ihres Fleisches und Fettes. Um 1935 wurde es immer schwieriger, große Wale im Nordatlantik zu fangen. Sie waren dort wegen der vielen Jagden fast ausgerottet. Zu diesem Zeitpunkt begann leider auch die Jagd auf den Mink-Wal. Dieser „kleine Wal" lebt im Nordost-Atlantik. Die Fänger behaupten, dass ihre Länder diese Beute unbedingt zur Ernährung brauchen. Seit 1985 sind diese Meerestiere zur Erhaltung ihrer Art eigentlich geschützt. Wegen des lohnenden Geschäfts halten sich aber immer weniger Länder daran. Jetzt wird wieder einmal über Schutzgebiete für Wale verhandelt. Sie sollen sich rund um die Antarktis erstrecken.

1. *Der Text informiert dich über den Schutz von Walen. Untersuche genauer: Zeiten, Orte und Gründe.*

a) Unterstreiche die Stellen rot, die Zeiten und Zeitdauer angeben. (Hilfsfragen: SEIT WANN? WANN? WIE LANGE?)

b) Unterstreiche grün, wo du Ortsangaben findest. (Hilfsfragen: WO? WOHER? WOHIN?)

c) Unterstreiche die Begründungen blau. (Hilfsfragen: WARUM? WESHALB? WOZU?)

Lösungen zu Seite 64:

1. a) Zeiten und Zeitdauer geben an: seit vielen Jahren, Um 1935, Zu diesem Zeitpunkt, Seit 1985, Jetzt
   b) Ortsangaben sind: in den großen Ozeanen, im Nordatlantik, dort, im Nordost-Atlantik, rund um die Antarktis
   c) Begründungen sind: wegen ihres Fleisches und Fettes, wegen der vielen Jagden, zur Ernährung, zur Erhaltung ihrer Art, Wegen des lohnenden Geschäfts

Lösungen zu Seite 65:

1. und 2.
   Umstandsbestimmungen der Zeit: In der warmen Jahreszeit, im Frühjahr und Sommer, zu den erlaubten Zeiten, früh und abends
   Umstandsbestimmungen des Ortes: ans Wasser, In Schilfgebieten, Auf offenen Gewässern, An manchen Stellen
   Umstandsbestimmungen des Grundes: zur Erholung, wegen der interessanten Tierarten, Aus Rücksicht auf die Natur, wegen rastender Vögel

1. *Unterstreiche alle Umstandsbestimmungen der Zeit rot, des Ortes grün und des Grundes blau. Benutze dabei die Hilfsfragen.*

Am Wasser

Viele Leute gehen gern ans Wasser. In der warmen Jahreszeit werden solche Orte zur Erholung, aber auch wegen der interessanten Tierarten aufgesucht. Aus Rücksicht auf die Natur sollte man dabei aber einiges beachten.

In Schilfgebieten ist im Frühjahr und Sommer an die Brutzeiten zu denken. Auf offenen Gewässern darf man zum Beispiel wegen rastender Vögel nur zu den erlaubten Zeiten Wassersport treiben und schwimmen. Alle Beunruhigungen bedeuten für die Tiere Stress, hauptsächlich früh und abends. An manchen Stellen stehen besondere Hinweistafeln, die man unbedingt beachten sollte.

2. *Schreibe heraus:*

Umstandsbestimmungen der Zeit (4):

Umstandsbestimmungen des Ortes (4):

Umstandsbestimmungen des Grundes (4):

1. *Setze die Umstandsbestimmungen in die Lücken ein. Benutze die Hilfsfragen.*

zur Erhaltung der Gesundheit, ins Grüne, abseits von Straßen, zu verkehrsarmen Zeiten, wegen der Ruhe und guten Luft, durch die freie Natur; durch Wald, Wiesen und Felder; zu keiner Jahreszeit; im Frühjahr und Sommer, im Winter, aus Umweltschutzgründen

Radeln

Radeln ist gut ______________________.

Am besten fährt man ______________.

______________ und ______________

______________ lässt es sich am schönsten radeln.

______________________ sollte man eine

Route ______________________ planen.

Dabei ist aber das Querfeldeinfahren __________, __________

__________ ______________________

erlaubt.

______________________ ist Brutzeit,

______________ herrscht meist Wildruhezeit.

Das Auto sollte ______________________ nicht einmal für die Anfahrt benutzt werden.

Das hast du gelernt:

Umstandsbestimmungen (adverbiale Bestimmungen) machen zusätzliche Angaben im Satz.

Es gibt zum Beispiel:

- *die **Umstandsbestimmung der Zeit**: Wale werden seit vielen Jahren gejagt. (Fragen: SEIT WANN? WANN? WIE LANGE?)*
- *die **Umstandsbestimmung des Ortes**: Sie leben im Ozean. (Fragen: WO? WOHER? WOHIN?)*
- *die **Umstandsbestimmung des Grundes**: Man fängt sie wegen des lohnenden Geschäfts. (Fragen: WARUM? WESHALB? WOZU?)*

Umstandsbestimmungen sind Satzglieder.

Lösungen zu Seite 66:

1. Die Umstandsbestimmungen sind genau in der Reihenfolge einzusetzen, wie sie oben auf der Seite stehen. Achte auf die Großschreibung der Satzanfänge!

Lösungen zu Seite 67:

1. Sieh im Lösungsteil auf Seite 94 nach.
2. Der Täter war der Butler John.
3. Umstandsbestimmungen der Zeit: Zur gleichen Zeit, Vor zwei Stunden, eine halbe Stunde lang
Umstandsbestimmungen des Ortes: über die Stadt, beim Zahnarzt, Zu Hause, nach Mallorca, bei ihr
Umstandsbestimmungen des Grundes: wegen einer geschwollenen Wange, aus Langeweile, wegen seines Zahnes

Schreibe jetzt einen Abschluss-Test zu den Umstandsbestimmungen.

Ein schwieriger Fall

Sir Henry war am Vormittag wegen seiner Rosen im Garten.
Um zwölf Uhr ging John, der Butler, ins Haus zurück.
Er wusch sich zur Sicherheit die Hände.
Um halb eins wollte Lady Bess aus alter Gewohnheit Sir Henry anrufen. Er war nie mehr zu sprechen ...

1. *Verschaffe dir einen Überblick über die Umstände des Falles: Fülle dazu die Tabelle aus.*

WER?/WAS?	Sir Henry	Butler John	Lady Bess
WEN?/WAS?	———	die Hände	
WANN? SEIT WANN? WIE LANGE?	am Vormittag		
WO? WOHER? WOHIN?			———
WARUM? WESHALB? WOZU?		zur Sicherheit	

2. *Wer könnte der Täter gewesen sein? –*

3. *Unterstreiche im folgenden Text die Umstandsbestimmungen der Zeit rot, des Ortes grün und des Grundes blau.*
Ein Flugzeug fliegt über die Stadt. Zur gleichen Zeit sitzt Dennis wegen einer geschwollenen Wange beim Zahnarzt. Zu Hause schaltet Nadine aus Langeweile den Fernseher ein. Vor zwei Stunden ist ihre Freundin nach Mallorca abgereist. Und Dennis konnte wegen seines Zahnes nur eine halbe Stunde lang bei ihr bleiben.

TEST

BEWERTUNG:
0–1 FEHLER: SEHR GUT
2–3 FEHLER: GUT
4–5 FEHLER: BEFRIEDIGEND
6–8 FEHLER: AUSREICHEND
ÜBER 8 FEHLER: DU MUSST NOCH ÜBEN!

SATZVERBINDUNGEN

Radwechsel beim Auto:
- ersten Gang einlegen – Handbremse anziehen
- Radkappe abnehmen – Radmuttern lockern
- Wagenheber ansetzen – Auto anheben
- Radmuttern herausschrauben – Rad abnehmen – Ersatzrad aufsetzen
- Radmuttern handfest hineindrehen – Wagen wieder herunterlassen
- Muttern festziehen – Radkappe wieder aufsetzen
- Gang herausnehmen – Probefahrt machen

1. *Das ist eine Anleitung zum Radwechsel beim Auto. Verbinde die einzelnen Anweisungsschritte zu ganzen Sätzen z. B. mit:*

dann, und, danach, darauf, wenn, nachdem, schließlich, bevor, ...

Nachdem der erste Gang eingelegt worden ist, wird auch noch die

Lösungen zu Seite 68:

1. Sieh im Lösungsteil auf Seite 94 nach.

Lösungen zu Seite 69:

1. Simone, Vater und Susi fahren zum Tierarzt, weil es Susi nicht gut geht. Die Katze frisst nicht mehr und lässt auch die Milch stehen. Der Doktor sieht Susi an und lässt sie hin und her führen, weil er sie genau beobachten will. Als der Doktor Susi anfasst, zittert sie ein wenig, denn sie hat immer Angst vor dem Tierarzt. Weil der Arzt das kennt, gibt er der Katze einen Leckerbissen. Er setzt das Tier auf den Tisch, weil er es behandeln muss und es so besser geht. Susi hat eine einfache Infektion, deshalb bekommt sie eine Spritze.

1. *Verbinde die Sätze mit* ***weil, und, als, denn, deshalb.*** *Du kannst dabei einzelne Nomen durch Personalpronomen ersetzen.*

Susi beim Tierarzt

Simone, Vater und Susi fahren zum Tierarzt. Susi geht es nicht gut.

Die Katze frisst nicht mehr. Sie lässt auch die Milch stehen.

Der Doktor sieht Susi an. Er lässt sie hin und her führen. Er will sie genau beobachten.

Der Doktor fasst Susi an. Susi zittert ein wenig. Sie hat immer Angst vor dem Tierarzt.

Der Arzt kennt das. Er gibt der Katze einen Leckerbissen.

Er setzt das Tier auf den Tisch. Er muss es behandeln. Es geht besser so.

Susi hat eine einfache Infektion. Sie bekommt eine Spritze.

1. *Verbinde.*

Draußen ist es kalt. Eisiger Wind ist aufgekommen.

Drinnen ist es warm. Oma friert trotzdem. Opa hat gut geheizt.

Inka hat eine Behinderung. Sie schwimmt gut. Inka trainiert viel.

2. *Füge zusammen. Richte dich nach dem Beispiel.*

Unter dem Baum saß eine Prinzessin. Sie war traurig. Sie weinte.
Da trat ein Männlein zu ihr. Es war klein. Es war alt.
Das Männlein tanzte im Kreis. Es sang laut.
Die Prinzessin lächelte. Sie erhob sich. Sie tanzte mit.
Da verwandelte sich das Männlein. Es wurde ein Königssohn.
Er war wunderschön.

Unter dem Baum saß eine traurige Prinzessin und weinte.

Das hast du gelernt:
Manchmal ist es besser, einzeln stehende Sätze zu verbinden. Dadurch erzählt man flüssiger und schöner.
Bindewörter sind: ***und, aber, weil, als, denn, wenn, obwohl, obgleich, damit, falls, indem*** *usw.*

Lösungen zu Seite 70:

1. Draußen ist es kalt und eisiger Wind ist aufgekommen. Drinnen ist es warm, aber Oma friert trotzdem, obwohl Opa gut geheizt hat. Inka hat eine Behinderung, aber sie schwimmt gut, weil sie viel trainiert.
2. Unter dem Baum saß eine traurige Prinzessin und weinte. Da trat ein kleines, altes Männlein zu ihr. Es tanzte im Kreis und sang laut. Die Prinzessin lächelte, erhob sich und tanzte mit. Da verwandelte sich das Männlein in einen wunderschönen Königssohn.

Lösungen zu Seite 71:

1. Sieh im Lösungsteil auf S. 95 nach.

1. *Verbinde die Sätze so, dass unnötige Wiederholungen vermieden werden.*

Die Fabel vom Hunde

Ein Hund hatte ein Stück Fleisch erbeutet. Er hielt das Fleisch im Maul. Der Hund lief durch einen Bach. In dem Bach war Wasser. In dem Wasser spiegelte sich der Hund. Auch das Fleischstück in seinem Maul spiegelte sich darin. Der Hund wurde gierig. Er schnappte nach dem Fleischstück. Der Hund öffnete dabei sein Maul. Das Fleisch entfiel ihm. Das Wasser trieb das Stück davon. So verlor er sein schönes Fleischstück. Er hatte nun gar nichts mehr.

nach Äsop

TEST

BEWERTUNG:

AUS 13 SÄTZEN:

7 GEMACHT: SEHR GUT

8 GEMACHT: GUT

9 GEMACHT: BEFRIEDIGEND

10 GEMACHT: AUSREICHEND

MEHR GEMACHT: DU MUSST NOCH ÜBEN!

WÖRTLICHE REDE

Vom Esel und vom Löwen

Der Esel wollte dem Löwen beweisen, welch großes Ansehen er bei den anderen Tieren hätte. Er sprach zu ihm: Lass uns auf den Gipfel des Berges gehen. Dort will ich dir zeigen, wie viele Tiere mich fürchten.

So sei es, wir wollen gehen , antwortete der Löwe und lachte. Als sie oben waren, fing der Esel mit seiner groben Stimme an zu schreien, wie es die Art der Esel ist. Als das die Hasen und Füchse hörten, rannten sie davon.

Siehst du , sprach der Esel, wie sie alle laufen? Der Löwe antwortete: Das wundert mich nicht. Deine Stimme würde mich auch erschreckt haben, wenn ich nicht wüsste, dass du nur ein Esel bist.

nach Äsop

1. *In der Fabel kommt viermal die wörtliche Rede mit Begleitsatz vor. – Setze die fehlenden Zeichen. Unterstreiche dann die wörtliche Rede rot, die Begleitsätze grün.*

2. *Trage die ersten drei Begleitsätze mit wörtlicher Rede in das Schema ein.*

: „

.“

„ “,

.

„ “, ,

„ ?“

Lösungen zu Seite 72:

1. Sieh im Lösungsteil auf Seite 95 nach.
2. Er sprach zu ihm: „Lass uns auf den Gipfel des Berges gehen. Dort will ich dir zeigen, wie viele Tiere mich fürchten.“
   „So sei es, wir wollen gehen“, antwortete der Löwe und lachte.
   „Siehst du“, sprach der Esel, „wie sie alle laufen?“

Lösungen zu Seite 73:

1. und 2.
   Sieh im Lösungsteil auf Seite 95 nach.
4. Im vorangestellten Begleitsatz steht das Verb nach dem Subjekt, also an zweiter Stelle. Im eingeschobenen und nachgestellten Begleitsatz steht das Verb an erster Stelle.

Der Adler und die Krähe

Eine Schnecke hatte sich in ihr Haus verkrochen. Da kam ein Adler. Er sagte   Diesen Leckerbissen hole ich mir. Er griff die Schnecke mit seinen Krallen und flog davon.

 Was nützt dir die Schnecke in der harten Schale? Du kannst sie so ja gar nicht genießen , sprach ihn eine Krähe an. Was soll ich tun? , fragte der Adler. Wenn du die Schnecke auf steinigen Boden fallen lässt , riet ihm die Krähe, zerbricht die Schale und du kannst den Inhalt verspeisen. Der Adler sagte: Danke. Dann flog er davon und ließ von weit oben die Schnecke fallen. Unten aber wartete die Krähe schon, holte sich schnell die Schnecke und verschwand.

Schweizer Fabel

1. *Setze die Zeichen der wörtlichen Rede ein.*

2. *Unterstreiche die Redeteile (wörtliche Rede) rot.*

3. *Unterstreiche die Begleitsätze grün und kreise das Verb ein. Ergänze dann den folgenden Satz:*

Im vorangestellten Begleitsatz steht das Verb nach dem Su_ _ _ _ _, also an zw_ _ _ _ _ Stelle. Im eingeschobenen und nachgestellten Begleitsatz steht das Verb an er_ _ _ _ Stelle.

TIPP:

Was wörtlich gesprochen wird, heißt wörtliche oder direkte Rede. Bei der wörtlichen Rede steht meist ein Begleitsatz. Er erklärt, wer spricht. Der Begleitsatz kann vor der wörtlichen Rede, in der Mitte oder danach stehen.

EXTRA-TOUR: BEIFÜGUNGEN

groß, dunkel — lange — böse, bärtig

In einem ___ Wald lebte vor ___ Zeit ein ___ Räuber.

alt, schwerhörig — groß, aus Stein

Er wohnte mit seiner ___ Mutter in einem ___ Haus.

Der Keller war riesig, dunkel und feucht. Es war sehr viel kostbares Diebesgut aus vielen Raubzügen darin.

In dessen ___ Keller war ___ Diebesgut versteckt.

1. *Schreibe den Anfang dieser Geschichte neu auf. Beschreibe dabei die unterstrichenen Nomen (Substantive/Hauptwörter).*

In einem

2. *Setze die Geschichte fort. Verwende erläuternde Beifügungen.*

Der ___ Räuber hieß ___ der ___. Jede Nacht stiefelte er durch den ___, ___ Wald und ging in eins der ___, ___ Dörfer in der Nähe. Dort brach er ein und raubte alle ___, ___ und ___ Dinge, die er tragen konnte.

Lösungen zu Seite 74:

1. In einem großen, dunklen Wald lebte vor langer Zeit ein böser, bärtiger Räuber. Er wohnte mit seiner alten, schwerhörigen Mutter in einem großen Haus aus Stein. In dessen riesigem, dunklem und feuchtem Keller war sehr viel kostbares Diebesgut aus vielen Raubzügen versteckt.
2. Zum Beispiel:
   Der gefährliche Räuber hieß Isidor, der Schreckliche. Jede Nacht stiefelte er durch den dunklen, dichten Wald und ging in eins der kleinen, schlafenden Dörfer in der Nähe. Dort brach er ein und raubte alle schönen, teuren und begehrenswerten Dinge, die er tragen konnte.

Lösungen zu Seite 75:

1. Zum Beispiel:
   Der Räuber Isidor ist etwa 50 Jahre alt. Er hat einen dunklen, struppigen Bart. Auf dem Kopf trägt er einen alten, grauen Hut mit rotem Band. Seine braune Hose ist aus Leder. Die zerrissene Jacke besteht nur noch aus grünen und schwarzen Flecken.
2. Der Text ohne die überflüssigen Beifügungen:
   Einmal hatte der böse Räuber eine wertvolle Wanduhr gestohlen. Er freute sich wie ein übermütiger Junge. Als nun der Räuber durch den dichten, dunklen Wald stolperte, fiel er plötzlich über einen unsichtbaren Baumstumpf. Da fing die Uhr dermaßen an zu schlagen, dass der Räuber erschrak und schnell wie ein Hase oder aber wie ein Feigling davonlief.

1. *Erstelle eine Täterbeschreibung mit Nomen (Substantiven/ Hauptwörtern) und Beifügungen.*

2. *Manchmal ist es zu viel des Guten. – Streiche alle Beifügungen weg, die überflüssig sind. Überprüfe bei mehreren Beifügungen, ob auch Kommas gestrichen werden müssen.*

Einmal hatte der böse, schreckliche Räuber eine teure, wertvolle, unbezahlbare Wanduhr gestohlen. Er freute sich wie ein junger, übermütiger Junge. Als nun der Räuber, der Dieb, durch den dichten, verwachsenen, dunklen Wald stolperte, fiel er plötzlich über einen kleinen, runden, unsichtbaren Baumstumpf. Da fing die alte, teure, wertvolle Uhr dermaßen an zu schlagen, dass der Räuber erschrak und schnell wie ein flinker Hase oder aber wie ein ängstlicher Feigling davonlief.

TIPP:

Beifügungen helfen dabei, Lebewesen und Dinge besser zu kennzeichnen. Dadurch werden Beschreibungen, Geschichten usw. genauer und interessanter. Beifügungen (Attribute) beziehen sich immer auf ein Nomen (Substantiv/Hauptwort).

Das Nomen

Substantiv, Hauptwort, auch: Namenwort, Dingwort, Nennwort. Mit Nomen benennt man Lebewesen *(Mensch, Tier, Pflanze)*, Dinge *(Stein, Bank, Telefon)* und Ungegenständliches *(Traum, Sehnsucht, Gefühl)*.

Die meisten Nomen haben Singular (Einzahl) und Plural (Mehrzahl): *Mensch – Menschen, Stein – Steine, Traum – Träume.*

Nomen haben ein grammatisches und ein natürliches Geschlecht:

	grammatisches	natürliches
der Stein	(männlich)	(sächlich)
die Maschine	(weiblich)	(sächlich)
das Kind	(sächlich)	(männlich/weiblich)

Nomen haben oft Begleiter, z.B. Artikel (Geschlechtswörter). Bestimmte Artikel sind : *der Mensch, die Pflanze, das Tier.* Unbestimmte Artikel sind: *ein Mensch, eine Pflanze, ein Tier.* Artikel können auch verschmolzen sein: *am Fenster – an dem Fenster, ans Wasser – an das Wasser, zur Schule – zu der Schule* usw.

Begleiter des Nomens können auch sein:
manche, viele, alle, drei, keine, diese, jene, meine, seine usw. Im Satz nimmt das Nomen verschiedene Rollen ein. – Es kann durch Personalpronomen (persönliche Fürwörter) ersetzt werden.

Nomen können gebeugt (dekliniert) werden und geben dann Zahl und Fall an: *dem Stein, den Maschinen, die Kinder.*

Das Verb
Tätigkeitswort, Zeitwort, auch: Tuwort
Mit Verben bezeichnet man eine Tätigkeit oder ein Geschehen: *laufen, schlafen, kochen.*
Verben können gebeugt (konjugiert) werden und geben dann Person, Zahl, Geschlecht und Zeit an: *sie lief, wir kommen, es hatte geregnet.*

Das Adjektiv
Eigenschaftswort, Wiewort, auch: Artwort
Adjektive beschreiben Eigenschaften. Sie geben an, wie etwas ist: *ein schnelles Auto, die gelbe Blume, zwei böse Buben.*
Adjektive können gesteigert werden: *schnell, schneller, am schnellsten.*

Das Personalpronomen
Persönliches Fürwort
Personalpronomen können Nomen ersetzen: *der Mensch – er , die Pflanze – sie , das Tier – es .*
Personalpronomen können gebeugt (dekliniert) werden: *ich, meiner, mir, mich.*

Die Präposition
Verhältniswort, auch: Fügewort
Präpositionen drücken die Verhältnisse von Personen oder Dingen zueinander aus: *am Wasser, im Wasser, unter Wasser* usw.

Der Artikel
Geschlechtswort: *der, die, das; ein, eine, ein*

Die Konjunktion
Bindewort: Konjunktionen verbinden Wörter, Satzglieder und Sätze untereinander:
weil, als, während, nachdem, trotzdem, aber, obwohl, ...

Das Numerale
(Mehrzahl: die Numeralien)
Zahlwort: *sieben, hundert; mache, viele, alle, ...*

Das Adverb
Umstandswort: *kaum, zwar, immer, hier, jetzt, dort, ...*

Die Interjektion
Ausrufewort: *Huch!, Ach!, Jippieh!, Wow! ...*

BEUGUNGSARTEN

Deklination: Beugung des Nomens und seiner Begleiter

männlich (Maskulinum) im Singular (Einzahl):

1. Fall (Nominativ):	der Stein	Frage: WER? WAS?
2. Fall (Genitiv):	des Steines	Frage: WESSEN?
3. Fall (Dativ):	dem Stein	Frage: WEM?
4. Fall (Akkusativ):	den Stein	Frage: WEN? WAS?

männlich (Maskulinum) im Plural (Mehrzahl):

1. Fall (Nominativ):	die Steine	Frage: WER? WAS?
2. Fall (Genitiv):	der Steine	Frage: WESSEN?
3. Fall (Dativ):	den Steinen	Frage: WEM?
4. Fall (Akkusativ):	die Steine	Frage: WEN? WAS?

weiblich (Femininum) im Singular (Einzahl):

1. Fall (Nominativ):	die Blume	Frage: WER? WAS?
2. Fall (Genitiv):	der Blume	Frage: WESSEN?
3. Fall (Dativ):	der Blume	Frage: WEM?
4. Fall (Akkusativ):	die Blume	Frage: WEN? WAS?

weiblich (Femininum) im Plural (Mehrzahl):

1. Fall (Nominativ):	die Blumen	Frage: WER? WAS?
2. Fall (Genitiv):	der Blumen	Frage: WESSEN?
3. Fall (Dativ):	den Blumen	Frage: WEM?
4. Fall (Akkusativ):	die Blumen	Frage: WEN? WAS?

sächlich (Neutrum) im Singular (Einzahl):

1. Fall (Nominativ):	das Telefon	Frage: WER? WAS?
2. Fall (Genitiv):	des Telefons	Frage: WESSEN?
3. Fall (Dativ):	dem Telefon	Frage: WEM?
4. Fall (Akkusativ):	das Telefon	Frage: WEN? WAS?

sächlich (Neutrum) im Plural (Mehrzahl):

1. Fall (Nominativ):	die Telefone	Frage: WER? WAS?
2. Fall (Genitiv):	der Telefone	Frage: WESSEN?
3. Fall (Dativ):	den Telefonen	Frage: WEM?
4. Fall (Akkusativ):	die Telefone	Frage: WEN? WAS?

Deklination: Beugung des Adjektivs (mit Nomen)

Nominativ:	der schwere Stein	die schweren Steine
Genitiv:	des schweren Stein(e)s	der schweren Steine
Dativ:	dem schweren Stein	den schweren Steinen
Akkusativ:	den schweren Stein	die schweren Steine
Nominativ:	eine blaue Blume	viele blaue Blumen
Genitiv:	einer blauen Blume	vieler blauer Blumen
Dativ:	einer blauen Blume	vielen blauen Blumen
Akkusativ:	eine blaue Blume	viele blaue Blumen
Nominativ:	das größte Haus	die größten Häuser
Genitiv:	des größten Hauses	der größten Häuser
Dativ:	dem größten Haus	den größten Häusern
Akkusativ:	das größte Haus	die größten Häuser

Konjugation: Beugung des Verbs

Präsens (Gegenwart)

1. Person			ich gebe
2. Person			du gibst
		männlich	er gibt
3. Person	Singular (Einzahl)	weiblich	sie gibt
		sächlich	es gibt
1. Person			wir geben
2. Person	Plural (Mehrzahl)		ihr gebt
3. Person			sie geben

Präteritum (Vergangenheit)

1. Person			ich gab
2. Person			du gabst
		Maskulinum	er gab
3. Person	Singular (Einzahl)	Femininum	sie gab
		Neutrum	es gab
1. Person			wir gaben
2. Person	Plural (Mehrzahl)		ihr gabt
3. Person			sie gaben

Perfekt (vollendete Gegenwart)

1. Pers. Sing.	ich habe gegeben	ich bin gelaufen
2. Pers. Sing.	du hast gegeben	du bist gelaufen
3. Pers. Sing.	er/sie/es hat gegeben	er/sie/es ist gelaufen
1. Pers. Plur.	wir haben gegeben	wir sind gelaufen
2. Pers. Plur.	ihr habt gegeben	ihr seid gelaufen
3. Pers. Plur.	sie haben gegeben	sie sind gelaufen

Futur (Zukunft)

1. Pers. Sing.	ich werde geben
2. Pers. Sing.	du wirst geben
3. Pers. Sing.	er/sie/es wird geben
1. Pers. Plur.	wir werden geben
2. Pers. Plur.	ihr werdet geben
3. Pers. Plur.	sie werden geben

Konjugation: Beugung der Verben haben und sein.
(Hier muss man besonders aufmerksam sein.)

Person	Präsens	Präteritum	Perfekt	Futur
ich	habe	hatte	habe gehabt	werde haben
du	hast	hattest	hast gehabt	wirst haben
er/sie/es	hat	hatte	hat gehabt	wird haben
wir	haben	hatten	haben gehabt	werden haben
ihr	habt	hattet	habt gehabt	werdet haben
sie	haben	hatten	haben gehabt	werden haben

Person	Präsens	Präteritum	Perfekt	Futur
ich	bin	war	bin gewesen	werde sein
du	bist	warst	bist gewesen	wirst sein
er/sie/es	ist	war	ist gewesen	wird sein
wir	sind	waren	sind gewesen	werden sein
ihr	seid	wart	seid gewesen	werdet sein
sie	sind	waren	sind gewesen	werden sein

ZEITSTUFEN UND ZEITFORMEN

Zeitstufen

Es gibt drei Zeitstufen:

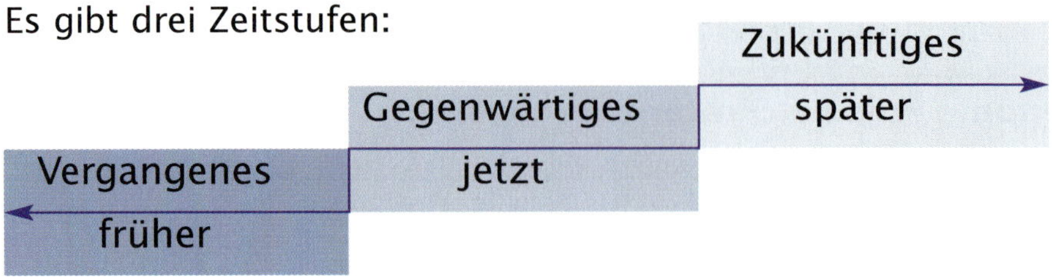

Zeitformen: Tempusformen

Die verschiedenen Zeitformen gebraucht man, um eine Tätigkeit, ein Geschehen in der Vergangenheit, Gegenwart oder Zukunft auszudrücken: *ich lief – ich laufe – ich* werde laufen .

Wichtige Zeitformen sind:

lateinisch	**deutsch**	**Beispiel**
Präsens	Gegenwart	sie spielt
Präteritum	Vergangenheit	sie spielte
Perfekt	vollendete Gegenwart	sie hat gespielt
Futur	Zukunft	sie wird spielen

Verben können in jeder Zeitform gebeugt (konjugiert) werden.

Ein Satz besteht aus Wörtern.
Die einzelnen Wörter bilden die Satzglieder.

Ganzer Satz

Der kleine Hund steht vor der Tür.

In Satzgliedern

Der kleine Hund | steht | vor der Tür.

In einzelnen Wörtern

Der | kleine | Hund | steht | vor | der | Tür.

Verschiedene Satzglieder

Der kleine Hund	steht	vor der Tür.
↕	↕	↕
Subjekt	Prädikat	Umstandsbestimmung des Ortes
WER? WAS?	WAS GESCHIEHT?	WO? WOHER? WOHIN?

Er	bringt	mir	die Zeitung.
↕	↕	↕	↕
Subjekt	*Prädikat*	*Objekt (Dativ)*	*Objekt (Akkusativ)*
		WEM?	WEN? WAS?

Er | bringt | mir | jeden Morgen | die Zeitung.

↕

Umstandsbestimmung der Zeit
WANN? SEIT WANN? WIE LANGE?

Er | bringt | mir | die Zeitung | aus Gewohnheit.

↕

Umstandsbestimmung des Grundes.
WARUM? WESHALB? WOZU?

EXTRA-TOUR: GRAMMATISCHE PROBEN

Es gibt verschiedene Proben, die dir helfen, Satzglieder genau zu bestimmen.

Umstellprobe: Verschiebeprobe

Eine zusammengehörende Wortgruppe (oder nur ein einzelnes Wort) ist ein Satzglied, wenn es sich als Block umstellen lässt. Der Inhalt des Satzes darf sich dadurch nicht verändern. – Das Prädikat (Satzaussage) bleibt dabei immer an derselben Stelle.

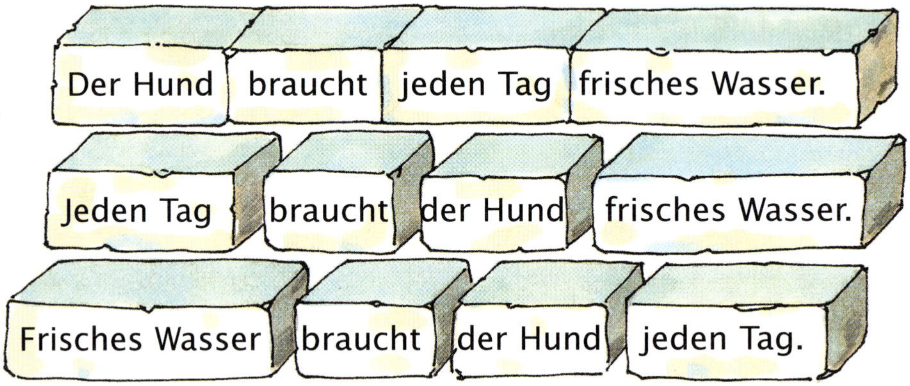

Ersatzprobe: Austauschprobe

Wenn du die Wörter eines Satzgliedes durch passende andere ersetzen kannst, gehören diese zur gleichen Satzgliedart.
Also: Subjekt für Subjekt, Prädikat für Prädikat usw.

Der Hund	braucht	jeden Tag	frisches Wasser.
↕			
Die Katze	braucht	jeden Tag	frisches Wasser.
	↕		
Der Hund	säuft	jeden Tag	frisches Wasser.
		↕	
Der Hund	braucht	täglich	frisches Wasser.
			↕
Der Hund	braucht	jeden Tag	Futter.

Infinitivprobe

Die Infinitivprobe dient zur Bestimmung des Subjekts:
Du bildest vom Verb (des Prädikats) den Infinitiv (Grundform). Dann probierst du, welche Wortgruppen (oder einzelnen Wörter) alle mit dem Infinitiv zusammenpassen. Was nicht mit dem Infinitiv zusammenpasst, ist das Subjekt.

Der Hund	braucht	jeden Tag	frisches Wasser

↕

Infinitiv: brauchen
jeden Tag frisches Wasser brauchen („passt!")

übrig bleibt: der Hund brauchen („passt nicht!")
der Hund = Subjekt

Wegstreichprobe (Weglassprobe)

Durch Weglassen von Wortgruppen/Satzgliedern kannst du zum Beispiel Umstandsbestimmungen feststellen. Der Satz darf dabei nicht unverständlich werden. Umstellungen der übrig bleibenden Satzglieder können erforderlich werden.

Der Hund	braucht	~~jeden Tag~~	frisches Wasser.

↕ Umstandsbestimmung der Zeit

Die Katze	sonnt sich	~~im Garten.~~

↕ Umstandsbestimmung des Ortes

~~Vor Freude~~	jubelt	er.

↕ Umstandsbestimmung des Grundes

Schreibe jetzt ein Test zu Wortarten, Beugungsarten, Zeitstufen und Zeitformen, Satzgliedern und grammatischen Proben. Er besteht aus 2 Teilen.

Teil 1

1. *Trage je 5 Beispielwörter für die Wortarten ein.*

Nomen:

Verben:

Adjektive:

Personalpronomen:

Präpositionen:

2. *Ergänze:*

der	Stuhl		ich	habe	gegessen
	Stuhls		du		
den					
die	Stühle		wir		

3. *Ergänze und beantworte die Fragen.*

Den 1. Fall (Nominativ) erfragt man mit: Wer? ___ ___ ___?

Den 2. Fall (Genitiv) erfragt man mit: ____________?

Den 3. Fall (Dativ) erfragt man mit: ____________?

Den 4. Fall (Akkusativ) erfragt man mit: ______? ______?

Lösungen zu Seite 86:

1. Zum Beispiel:
   Nomen: der Stuhl, die Frau, das Leben, der Berg, die Wiese
   Verben: gehen, laufen, rechnen, schreiben
   Adjektive: schön, hoch, blau, eckig, leer
   Personalpronomen: ich, du, er, sie, es, wir, ihr, sie
   Präpositionen: in, an, auf, über, unter, neben
2. der Stuhl, des Stuhls, dem Stuhl, den Stuhl; die Stühle, der Stühle, den Stühlen, die Stühle
   ich habe gegessen, du hast gegessen, er/sie/es hat gegessen (Singular); wir haben gegessen, ihr habt gegessen, sie haben gegessen (Plural)
3. 1. Fall: WER?/WAS?
   2. Fall: WESSEN?
   3. Fall: WEM?
   4. Fall: WEN?/WAS?

Lösungen zu Seite 87:

1. Die drei Zeitstufen: Vergangenes, Gegenwärtiges, Zukünftiges
   Drei verschiedene Zeitformen: Präsens, Präteritum, Perfekt (oder Futur)
2. Subjekt: WER oder WAS sitzt auf dem Baum? – Ein bunter Vogel
   Prädikat: WAS tut der Vogel? Was geschieht? – Er sitzt.
   Umstandsbestimmung (des Ortes): WO sitzt der Vogel? – auf dem Baum
3. Die Satzglieder heißen: Subjekt (Ein Eichhörnchen), Prädikat (hüpft), Umstandsbestimmung der Zeit (am späten Nachmittag), Umstandsbestimmung des Ortes (auf den Baum)
   (Sieh im Lösungsteil auf Seite 96 nach.)

Teil 2

1. *Nenne die drei Zeitstufen:*

Nenne drei verschiedene Zeitformen (Tempusformen):

2. *Der folgende Satz besteht aus drei Satzgliedern. Beantworte die Fragen.*

Ein bunter Vogel sitzt auf dem Baum.

Wie fragt man nach dem Subjekt?

Wie fragt man nach dem Prädikat?

Wie fragt man nach der Umstandsbestimmung?

Die drei Satzglieder sind:

Subjekt:

Prädikat:

Umstandsbestimmung des Ortes:

3. *Der folgende Satz besteht aus vier Satzgliedern. Schreibe ihn nach Satzgliedern getrennt in die erste Zeile und führe dann die Ersatzprobe (Austauschprobe) durch.*

Ein Eichhörnchen hüpft am späten Nachmittag auf den Baum.

TEST

BEWERTUNG
TEIL 1:
58–59 RICHTIGE: SEHR GUT
52–57 RICHTIGE: GUT
45–51 RICHTIGE: BEFRIEDIGEND
38–44 RICHTIGE: DU MUSST NOCH ÜBEN!

TEIL 2:
15–16 RICHTIGE: SEHR GUT
12–14 RICHTIGE: GUT
9–11 RICHTIGE: BEFRIEDIGEND
5–8 RICHTIGE: DU MUSST NOCH ÜBEN!

Verwendete Fachwörter

Adjektiv (Eigenschaftswort / Wiewort)**:** *schön, groß, gelb*
adverbiale Bestimmung (Umstandsbestimmung)**:**
Satzglied, macht zusätzliche Angaben im Satz; Umstandsbestimmung des Ortes, der Zeit, des Grundes: *in Ulm, nachts, wegen Dunkelheit.*
Akkusativ (4. Fall)**:** WEN- oder WAS-Fall; Frage: WEN? WAS?
Akkusativobjekt (Satzergänzung im 4. Fall)**:**
Satzglied; *Der Hund frisst der Katze das Futter weg.* Frage: WEN? WAS?
Artikel (Geschlechtswort)**:**
Gibt das grammatische Geschlecht des Nomens an; bestimmter Artikel: *der Mensch, die Blume, das Haus;* unbestimmter Artikel: *ein Mensch, eine Blume, ein Haus.*
Attribut (Beifügung)**:**
Erklärt das Nomen näher: *der kleine Hund, drei blaue Vasen, Nero mit dem gelbe Halsband* usw.
Aufforderungssatz:
Eine Hauptsatzart; am Ende steht ein Ausrufezeichen: *Komm sofort her!*
Aussagesatz:
Eine Hauptsatzart, am Ende steht ein Punkt: *Heute gehen wir ins Kino.*
Austauschprobe (Ersatzprobe)**:**
Dient zur Feststellung derselben Satzgliedart. Was füreinander eingesetzt werden kann, gehört zur selben Satzgliedart.
Begleiter:
Artikel (Geschlechtswörter) und Pronomen (Fürwörter), die beim Nomen stehen und es näher bestimmen: *der, die, das, ein, eine, dieser, mancher, dein, irgendein* usw.
Beifügung (Attribut)**:**
Erklärt das Nomen näher: *der kleine Hund, drei blaue Vasen, Nero mit dem gelben Halsband* usw.
Beugung (Deklination oder Konjugation)**:**
Dekliniert (= in die vier Fälle gesetzt) werden Nomen, Pronomen, Adjektive und Artikel; konjugiert (= in die Personalform gesetzt) werden Verben.
Bindewort (Konjunktion)**:**
Verbindet zwei Wörter, Satzteile oder Sätze miteinander: *denn, weil, als, damit, falls, indem, dass* usw.
Dativ (3. Fall)**:** Wem-Fall; Frage: WEM?
Dativobjekt:
Satzglied; Satzergänzung im 3. Fall (Dativ); *Der Hund frisst der Katze das Futter weg.* Frage: WEM?
Deklination (Beugung)**:**
Dekliniert (= in die vier Fälle gesetzt) werden Nomen, Pronomen, Adjektive und Artikel.
Eigenschaftswort (Adjektiv)**:** *schön, groß, gelb*
Einzahl (Singular)**:** *Blume, Gedanke, Stein*
Ersatzprobe (Austauschprobe)**:**
Dient zur Feststellung derselben Satzgliedart: Was füreinander eingesetzt werden kann, gehört zur selben Satzgliedart.

Femininum:
Bezeichnet das weibliche Geschlecht: *die Frau, die Kette, die Freude, die Blume.*
Fragesatz:
Eine Hauptsatzart; am Ende steht ein Fragezeichen: *Besuchst du mich heute?*
Fürwort (Pronomen)**:**
Steht für ein Nomen: *ich, du, er, sie, es, wir, ihr, sie – mein, dein, sein, unser, euer, ihr.*
Futur (Zukunft)**:**
Zeitform (Tempusform) des Verbs: *ich werde gehen, du wirst gehen, er wird gehen ...*
Gegenwart (Präsens)**:**
Zeitform (Tempusform) des Verbs: *ich gehe, du gehst, er geht*
Genitiv (2. Fall)**:** Wes-Fall; Frage: WESSEN?
Geschlechtswort (Artikel)**:**
Gibt das grammatische Geschlecht des Nomens an; bestimmter Artikel: *der Mensch, die Blume, das Haus;* unbestimmter Artikel: *ein Mensch, eine Blume, ein Haus.*
grammatisches Geschlecht:
Das Geschlecht des Nomens: *das Söhnchen* = sächlich, *die Blume* = weiblich, *das Mädchen* = sächlich
Grundform (Infinitiv)**:** Grundform des Verbs: *gehen, fahren, lesen*
Grundstufe:
Erste Stufe der Steigerung: *groß – größer – am größten*
Hauptsatzarten:
Die drei Hauptsatzarten sind Aussagesatz, Aufforderungssatz und Fragesatz.
Hauptwort (Nomen / Substantiv)**:** *Blume, Gedanke, Stein*
Höchststufe (Superlativ)**:**
Dritte Stufe der Steigerung: groß – größer – *am größten*
Infinitiv (Grundform)**:** Grundform des Verbs: *gehen, fahren, lesen*
Infinitivprobe:
Dient der Bestimmung des Subjekts.
Konjugation (Beugung des Verbs)**:**
ich gehe, du gehst, er geht, wir gehen, ihr geht, sie gehen
Konjunktion (Bindewort)**:**
Verbindet zwei Wörter, Satzteile oder Sätze miteinander: *denn, weil, als, damit, falls, indem, dass* usw.
männlich (das Maskulinum)**:**
Bezeichnet das männliche Geschlecht; *der Mann, der Ring, der Rat.*
Maskulinum:
Bezeichnet das männliche Geschlecht; *der Mann, der Ring, der Rat.*
Mehrzahl (Plural)**:** *Blumen, Gedanken, Steine*
natürliches Geschlecht:
Das wirkliche Geschlecht eines Lebewesens, Dinges usw.; *das Söhnchen* = männlich, *das Mädchen* = weiblich, *der Stein* = sächlich
Neutrum:
Bezeichnet das sächliche Geschlecht; *das Kind, das Band, das Fest.*

Nomen (Substantiv/Hauptwort)**:** *Blume, Gedanke, Stein*
Nominativ (1. Fall)**:** Wer-Fall; Frage: WER?/WAS?
Objekt (Satzergänzung)**:**
Satzglied im 3. Fall (Dativ) oder 4. Fall (Akkusativ): *Der Hund frisst der Katze das Futter weg.*
Perfekt (vollendete Gegenwart)**:**
Zeitform (Tempusform) des Verbs: *ich bin gegangen, du bist gegangen, er ist gegangen.*
Personalpronomen (persönliches Fürwort)**:**
Steht für ein Nomen: *ich, du, er, sie, es, wir, ihr, sie.*
persönliches Fürwort (Personalpronomen)**:**
Steht für ein Nomen: *ich, du, er, sie, es, wir, ihr, sie.*
Plural (Mehrzahl)**:** *Blumen, Gedanken, Steine*
Prädikat (Satzaussage)**:**
Satzglied mit dem Verb; Frage: WAS TUT ER, WAS GESCHIEHT? *Der Hund säuft jeden Tag frisches Wasser.*
Präposition (Verhältniswort)**:**
Drückt im Satz das Verhältnis von Personen und Dingen zueinander aus; fügt ein Satzglied in den Satz ein: *in, mit, nach, bei, vor, unter, hinter, auf, zwischen* usw.
Präsens (Gegenwart)**:**
Zeitform (Tempusform) des Verbs: *ich gehe, du gehst, er geht ...*
Präteritum (Vergangenheit)**:**
Zeitform (Tempusform) des Verbs: *ich ging, du gingst, er ging ...*
Pronomen (Fürwort)**:**
Steht für ein Nomen: *ich, du, er, sie, es, wir, ihr, sie – mein, dein, sein, unser, euer, ihr.*
sächlich (das Neutrum)**:**
Bezeichnet das sächliche Geschlecht: *das Kind, das Band, das Fest.*
Satzaussage (Prädikat)**:**
Satzglied mit dem Verb; Frage: WAS TUT ER, WAS GESCHIEHT? *Der Hund säuft jeden Tag frisches Wasser.*
Satzergänzung (Objekt)**:**
Satzglied im 3. Fall (Dativ) oder 4. Fall (Akkusativ): *Der Hund frisst der Katze das Futter weg.*
Satzgegenstand (Subjekt)**:**
Satzglied im 1. Fall (Nominativ); Frage: WER?/WAS? *der Hund braucht jeden Tag frisches Wasser.*
Satzglied:
Teil des Satzes; besteht aus einem Wort oder einer Wortgruppe: *Der Hund | braucht | jeden Tag | frisches Wasser.*
Singular (Einzahl)**:**
Blume, Gedanke, Stein
Steigerung:
Adjektive können in drei Stufen gesteigert werden; *groß* (Grundstufe), *größer* (Steigerungsstufe), *am größten* (Höchststufe).
Steigerungsstufe:
Zweite Stufe der Steigerung: *groß – größer – am größten*

Subjekt (Satzgegenstand)**:**
Satzglied im 1. Fall (Nominativ); Frage: WER?/WAS? *Der Hund braucht jeden Tag frisches Wasser.*
Substantiv (Nomen / Hauptwort)**:** *Blume, Gedanke, Stein*
Tätigkeitswort (Verb / Zeitwort)**:** *gehen, er fuhr, sie hat gelesen*
Tempusformen (Zeitformen)**:**
Z. B. Präsens, Präteritum, Perfekt, Futur: *sie geht, sie ging, sie ist gegangen, sie wird gehen*
Umstandsbestimmung (adverbiale Bestimmung)**:**
Eine Satzgliedart; macht zusätzliche Angaben im Satz; Umstandsbestimmung des Ortes, der Zeit, des Grundes: *in Ulm, nachts, wegen Dunkelheit.*
Umstellprobe (Verschiebeprobe)**:**
Dient zur Bestimmung eines Satzgliedes; was im Block umgestellt (verschoben) werden kann, ist ein Satzglied.
Verb (Tätigkeitswort / Zeitwort)**:** *gehen, er fuhr, sie hat gelesen*
Vergangenheit (Präteritum)**:**
Zeitform (Tempusform) des Verbs: *ich ging, du gingst, er ging*
Verhältniswort (Präposition)**:**
Drückt im Satz das Verhältnis von Personen und Dingen zueinander aus; fügt ein Satzglied in den Satz ein: *in, mit, nach, bei, vor, unter, hinter, auf, zwischen* usw.
Verschiebeprobe (Umstellprobe)**:**
Dient zur Bestimmung eines Satzgliedes; was im Block umgestellt (verschoben) werden kann, ist ein Satzglied.
vollendete Gegenwart (Perfekt)**:**
Zeitform (Tempusform) des Verbs: *ich bin gegangen, du bist gegangen, er ist gegangen …*
Weglassprobe (Wegstreichprobe)**:**
Dient zur Bestimmung von Beifügungen (Attributen).
weiblich (das Femininum)**:**
Bezeichnet das weibliche Geschlecht: *die Frau, die Kette, die Freude, die Blume.*
Wiewort (Adjektiv / Eigenschaftswort)**:**
schön, groß, gelb
Wortarten:
Die zehn Wortarten sind Nomen, Verb, Adjektiv, Pronomen, Artikel, Präposition, Numerale, Konjunktion, Adverb und Interjektion.
Wortartenwechsel:
Wechsel von einer Wortart zu einer anderen; *spielen → das Spielen* (Verb → Nomen), *blau → das Blau* (Adjektiv → Nomen) usw.
Zeitformen (Tempusformen)**:**
Z. B. Präsens, Präteritum, Perfekt, Futur: *sie geht, sie ging, sie ist gegangen, sie wird gehen*
Zeitstufen:
Vergangenes, Gegenwärtiges, Zukünftiges
Zeitwort (Verb / Tätigkeitswort)**:** *gehen, er fuhr, sie hat gelesen*
Zukunft (Futur)**:**
Zeitform (Tempusform) des Verbs: *ich werde gehen, du wirst gehen, er wird gehen …*

Seite 11, Nr. 1

Badewetter

Als wir vier Freunde am Montag mit dem Fahrrad zum Schwimmen wollten, war es schrecklich heiß. Nicole nahm deshalb den Sonnenschirm mit. Jens hatte das große Badehandtuch eingepackt. Angela sorgte für Getränke. Am Baggersee war schon viel los. Überall herrschte munteres Treiben. Der flache Sandstrand war so gefüllt, dass wir Mühe hatten, ein schönes Plätzchen zu finden. Doch schon bald zogen dunkle Wolken auf, und ein Gewitter nahte. Nicole alarmierte uns. Wir kleideten uns eilig an und flüchteten in die romantische Eisdiele am Waldrand. Da zuckten schon die ersten Blitze.

Seite 43, Nr. 1

Der entführte Hund

Neulich war ich mit Vater in Stendal, wo er eine Kundin besuchte. Weil sie viele Tiere hat, durfte ich mitfahren.
Wir parkten das Auto auf dem Hof. Es musste in der Sonne stehen. Darum machten wir alle Türen auf.
Ich spielte mit vier jungen Hunden. Sie waren erst sechs Wochen alt, und die Hündin hatte nichts dagegen. Sie trottete abseits in den Schatten.
Als wir später wieder zu Hause waren, klingelte das Telefon. Vater hob ab, hörte kurz zu, und dann musste er lachen. Die Hündin fuhr so gern Auto, dass sie unbemerkt in unseren Wagen geschlichen war und jetzt noch darin sein musste. Wir hatten einen Hund entführt!

Seite 53, Nr. 1

Die richtige Hundenahrung

Magst du Hunde auch so gern wie ich?
Ich habe gleich drei Stück davon. Deshalb kenne ich mich auch gut mit ihrer Ernährung aus. Lies dir also diese Zeilen sorgfältig durch!
Hunde sind von Natur aus Fleischfresser. Muss man sie deshalb aber unbedingt stets mit reinem, frischem Fleisch versorgen? Nein, denn es gibt heute gutes Fertigfutter mit Fleischanteilen, das zugleich auch wichtige pflanzliche Stoffe enthält. Achte unbedingt darauf, dass der Hund mit dem Futter Ballaststoffe bekommt! Sie sind wichtig für seine Verdauung.
Überprüfe die Nahrung auch stets auf Vitamine!
Und was ist sonst noch wichtig?
Genügend frisches Wasser muss bereitstehen und das Tier muss bewegt werden. Wenn du das alles beachtest, hast du lange einen zufriedenen, gesunden Hund.

Seite 54, Nr. 1

Der gutgläubige Hund

Eine Hündin hatte fünf Junge bekommen. Sie hatte aber keine Hütte über dem Kopf und ging zu ihrem Nachbarn.

Lieber Nachbar, gib mir deine Hütte! Meine Kleinen frieren und werden sonst sterben.

Aber wann bekomme ich meine Hütte zurück? Dauert es länger als vierzehn Tage?

Nein, nach dieser Zeit kannst du wieder hinein.

Nach vierzehn Tagen kam der gutmütige Nachbar zurück.

Sind deine Jungen jetzt groß genug? So lasst mich wieder in meine Hütte!

Nein, geh wieder fort! Komm in zwei Wochen wieder!

Der Nachbar ging fort.

Nach zwei Wochen stand er wieder vor seiner Hütte.

Kann ich jetzt endlich hinein? Ist mein Haus nun frei?

Die Jungen waren inzwischen groß und stark geworden.

Das ist unser Haus. Mach, dass du wegkommst!

Sie knurrten und jagten den eigentlichen Besitzer davon.

Kennst du die Lehre dieser Fabel?

Seite 55, Nr. 1

Die 10 Aussagesätze sind:

Eine Hündin hatte fünf Junge bekommen. Sie hatte aber keine Hütte über dem Kopf und ging zu ihrem Nachbarn. – Meine Kleinen frieren und werden sonst sterben. – Nein, nach dieser Zeit kannst du wieder hinein. – Nach vierzehn Tagen kam der gutmütige Nachbar zurück. – Der Nachbar ging fort. – Nach zwei Wochen stand er wieder vor seiner Hütte. – Die Jungen waren inzwischen groß und stark geworden. – Das ist unser Haus. – Sie knurrten und jagten den eigentlichen Besitzer davon.

Die 5 Aufforderungssätze sind:

Lieber Nachbar, gib mir deine Hütte! – So lasst mich wieder in meine Hütte! – Nein, geh wieder fort! Komm in zwei Wochen wieder! – Mach, dass du wegkommst!

Die 6 Fragesätze sind:

Aber wann bekomme ich meine Hütte zurück? Dauert es länger als vierzehn Tage? – Sind deine Jungen jetzt groß genug? – Kann ich jetzt endlich hinein? Ist mein Haus nun frei? – Kennst du die Lehre dieser Fabel?

Seite 63, Nr. 2 und 3

Bewegung mit dem Hund

Hunde sind Lauftiere. Sie brauchen deshalb viel Bewegung.

Aber auch Frauchen und Herrchen sollten möglichst viel gehen und laufen. Joggen wäre für beide ideal. – Die Partner sollten allerdings langsam anfangen. Später darf das Tempo dann allmählich gesteigert werden. – Hunde besitzen keine Schweißdrüsen. Sie regulieren ihre Körpertemperatur über das Hecheln mit der Zunge.

Deshalb soll man Pausen einlegen und dem Hund eventuell Wasser geben. – Benutzt man während des Joggens keine Leine, muss der vierbeinige Partner gut parieren. Er hat dem Menschen auf Wort zu folgen. Der Hund darf weder andere Tiere bedrohen, noch dürfen sie ihm gefährlich werden. Dann ist es sogar auch möglich, seinen Begleiter neben dem Fahrrad laufen zu lassen.

Seite 67, Nr. 1

Die ausgefüllte Tabelle sieht so aus:

WER? / WAS?	Sir Henry	Butler John	Lady Bess
WEN? / WAS?	———	die Hände	Sir Henry
WANN? SEIT WANN? WIE LANGE?	am Vormittag	um zwölf Uhr	um halb eins
WO? WOHER? WOHIN?	im Garten	ins Haus zurück	———
WARUM? WESHALB? WOZU?	wegen seiner Rosen	zur Sicherheit	aus alter Gewohnheit

Seite 68, Nr. 1

Zum Beispiel:

Radwechsel beim Auto

Nachdem der erste Gang eingelegt worden ist, wird auch noch die Handbremse angezogen. Dann nimmt man die Radkappe ab und lockert die Radmuttern. Danach wird der Wagenheber angesetzt und das Auto angehoben. Nachdem die Radmuttern herausgeschraubt sind, kann man das Rad abnehmen und das Ersatzrad aufsetzen. Bevor der Wagen wieder heruntergelassen wird, sind die Radmuttern handfest hineinzudrehen. Darauf zieht man die Muttern fest und setzt die Radkappe wieder auf. Schließlich wird der Gang wieder herausgenommen und man macht eine Probefahrt.

Seite 71, Nr. 1

Zum Beispiel:

Die Fabel vom Hunde

Ein Hund hatte ein Stück Fleisch erbeutet und hielt es im Maul. Er lief durch einen Bach, in dem Wasser war. Darin spiegelte er sich und das Fleischstück auch. Der Hund wurde gierig und schnappte danach. Dabei öffnete er sein Maul. Das Fleisch entfiel ihm und das Wasser trieb es davon. So verlor er sein schönes Fleischstück und hatte nun gar nichts mehr.

Seite 72, Nr. 1

Vom Esel und vom Löwen

Der Esel wollte dem Löwen beweisen, welch großes Ansehen er bei den anderen Tieren hätte. Er sprach zu ihm: „Lass uns auf den Gipfel des Berges gehen. Dort will ich dir zeigen, wie viele Tiere mich fürchten." „So sei es, wir wollen gehen", antwortete der Löwe und lachte. Als sie oben waren, fing der Esel mit seiner groben Stimme an zu schreien, wie es die Art der Esel ist. Als das die Hasen und Füchse hörten, rannten sie davon. „Siehst du", sprach der Esel, „wie sie alle laufen?" Der Löwe antwortete: „Das wundert mich nicht. Deine Stimme würde mich auch erschreckt haben, wenn ich nicht wüsste, dass du nur ein Esel bist."

Seite 73, Nr. 1 und 2

Der Adler und die Krähe

Eine Schnecke hatte sich in ihr Haus verkrochen. Da kam ein Adler. Er sagte: „Diesen Leckerbissen hole ich mir." Er griff die Schnecke mit seinen Krallen und flog davon.

„Was nützt dir die Schnecke in der harten Schale? Du kannst sie so ja gar nicht genießen", sprach ihn die Krähe an. „Was soll ich tun?", fragte der Adler. „Wenn du die Schnecke auf steinigen Boden fallen lässt", riet ihm die Krähe, „zerbricht die Schale, und du kannst den Inhalt verspeisen." Der Adler sagte: „Danke." Dann flog er davon und ließ von weit oben die Schnecke fallen. Unten aber wartete die Krähe schon, holte sich schnell die Schnecke und verschwand.

Seite 87, Nr. 3

Ersatzprobe (Austauschprobe):

Ein Eichhörnchen	hüpft	auf den Baum	im Park.
Eine Katze	hüpft	auf den Baum	im Park.
Ein Eichhörnchen	flüchtet	auf den Baum	im Park.
Ein Eichhörnchen	hüpft	auf die Bank	im Park.
Ein Eichhörnchen	hüpft	auf den Baum	im Garten.